肢体不自由教育 連携で困らないための
医療用語集
Medical Glossary

著：松元　泰英　医学博士　言語聴覚士

詳しくやさしく解説

| **524** 用語解説 | **161図** イラスト | **48点** 写真収録 |

第1章　解剖学的内容
●身体全体についての119用語解説

第2章　摂食指導
●188用語解説

第3章　医療的ケア
●115用語解説

第4章　疾患　●脳性麻痺　●筋ジストロフィー：デシャンヌ型
●二分脊椎　●ペルテス病　●未熟児網膜症　●てんかん

第5章　一般用語
●102用語解説

　特別支援教育に携わっている先生方は，大学で特別支援学校関係の学部を卒業された方や全く関係のない学部を卒業された方など，バラエティに富んでいることと思います。そんななかで，特別支援教育関係の学部を卒業された方の多くが，知的障害教育中心の課程を卒業されているのではないでしょうか。これは，多くの大学が特別支援教育のなかでも，知的障害の教育を中心に行っているためと，特別支援学校では知的障害の子どもの在籍数が多く，教育現場での先生方のニーズが高いためだと思われます。そのため，特別支援学校の現場では肢体不自由や病弱の障害を有する子どもたちの教育を専門的に学んだ先生方は，ほんの一部に限られているというのが現状です。そういうこともあり，なかなか肢体不自由教育や病弱教育の専門性が高まらない現状が見られます。

　ところで，近年，周産期医療の発展や特別支援学校への医療的ケアの導入のために，特別支援学校の子どもの実態が重度・重複，多様化してきています。このような子どもに，より適切な教育を提供するためには，医療との連携が最も肝要なことになるでしょう。そのようなこともあり，特別支援学校学習指導要領の自立活動編には，「〜の状態により，必要に応じて，専門の医師及びその他の専門家の指導・助言を求めるなどして，適切な指導ができるようにするものとする」と記載されています。しかし，現実には，医師及びその他の専門家（この場合の専門家とは，解説書では，理学療法士，作業療法士，言語聴覚士，心理学の専門家となっています）との話し合いを持っても，専門家が何を言っているかよく分からないことがあると思います。また，質問しようにも，一から十まで質問することになったり，こんなことを質問したら，恥ずかしいかなと戸惑っている間に，連携の話し合いが進んでしまい，いつの間にかよく分からずに終わった経験がある先生方は多いことと思います。もちろん，教育が土台の特別支援教育と医学が土台の病院等の訓練機関とでは話し合いがうまくいかないことは容易に想定できます。しかし，なぜかその連携のため発刊された本は，今までになかったような気がします。私自身，大学で「知的障害児の生理と病理」や「肢体不自由児の病理，生理，心理」を教えていますが，言葉の壁を感じます。例えば，「伸展」，「屈曲」など，病院の訓練で普通に使う言葉が「何？」，なんとなく分かるような，でも正確には分からないなという様子を学生から感じます。このような言葉は，インターネットで検索しても，ある程度医療的な知識を持った人を対象に書かれていて，さらに訳が分からなくなることが多いのが現実です。例えば，「股関節」を，ウィキペディアで検索すると，「寛骨臼と大腿骨頭よりなる球関節（関節部分が球形）であり，荷

重関節（体重などがかかる関節）である。大腿骨頭は半球を上回る球形で，寛骨臼は深く大腿骨頭を収納するように形成されている。また，大腿骨頭が容易に脱臼できない仕組みになっている」と出てきます。これでは，余計に難しくなったかなというのが現実だと思います。

　そこで，全く医療の基礎知識が無くても連携の時に飛び交う用語が分かるための本を書いてみました。もちろんどうしても，簡単には説明できない医療用語は，見て理解するのがいちばんかなと思い，合計約２００点あまりのイラストや写真を載せています。

　今後，医療の発展により，特別支援学校の子どもたちの障害は，ますます重度・重複，多様化してくることは間違いありません。つまり，医療とのさらなる密な連携が必要不可欠になってきます。そこで，とりあえず，今の特別支援学校の現状から，医療との連携で，必要であろう用語を抽出しています。連携で困っている先生方や学生のみなさんのためにこの本は書きました。

　内容としては，連携の話し合いのなかでよく出てくる用語を中心にまとめて，「解剖学的内容」，「摂食指導」，「医療的ケア」，「疾患」，「一般用語」に分けて載せています。また，全ての用語には読み仮名をつけ，読みにくい医学的用語をクリアできるようにしました。さらに，興味関心を持ってもらえるようにイラストは漫画ぽく描いてもらっています。この本を読んでもらえると，医療との連携のための話はある程度は理解できることと思います。この本が今現在そういうことで困っている先生方の教育の一助になれば幸いです。

　最後に，この本の出版を引き受けていただいたジアース教育新社，また私の無茶なお願いを聞き入れて，全イラストを描いていただいた板坂佳世子氏には深く感謝いたします。

松元 泰英

目 次

連携で困らないための医療524用語を50音順に詳しく、やさしく、分かりやすく解説してあります。

個別の用語は索引（164ページ）、英文略（184ページ）を参照。

第1章　解剖学的内容

● 10～36ページ（119用語）

> まず，病院の訓練士（理学療法士，作業療法士，言語聴覚士など）の方と連携を図るときに出てくる，教育では教えてくれない用語を抽出してみました。もちろん，まだまだあるとは思いますが，これだけ理解していたら，ある程度，訓練士の先生方のいっていることは分かるかなと思います。
>
> 最初に，身体の全体についての用語をまとめました。

凡例　10ページ

> **内側（ないそく）と外側（がいそく）**…図1-3のように，正中に近い方を内側，遠い方が外側になります。
>
> **近位（きんい）と遠位（えんい）**…図1-3のように，身体の中心に近い方を近位，遠い方を遠位といいます。

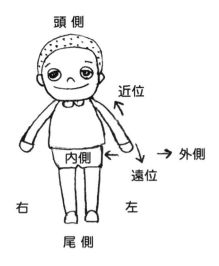

図1-3 内側と外側,近位と遠位

第2章 摂食指導

● 38～79ページ（188用語）／凡例　38ページ

アイスマッサージ

> ! 普通，食事前にむせを減少させるために行います。しかし，小児では，口を開けておくことが難しいため，筋緊張が強い場合には無理に行わない方がいいと思います。図2-1のように，軟口蓋（なんこうがい）や舌根部（ぜっこんぶ）を氷水に浸した綿棒で，軽く数回刺激します。その後，空嚥下（からえんげ）をさせます。

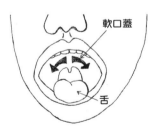

図2-1　アイスマッサージ

第3章 医療的ケア

● 82～116ページ（115用語）／凡例　84ページ

胃瘻（いろう）

口から食事のとれない子どもや，食べると気管に入り肺炎を起こす子どもに，図3-4のように胃に穴を開け，直接栄養を入れる栄養投与の方法です。それにより，取りつけられた器具を「胃ろうカテーテル」といいます。主に経腸栄養剤（ラコールやエンシュアリキッド等）が用いられます。内視鏡を使って胃瘻をつくる手術を，内視鏡的胃瘻造設術（PEG：ペグ）といいます。瘻とは普通は存在しない穴のことです。胃瘻の他に腸瘻，膀胱瘻などがあります。

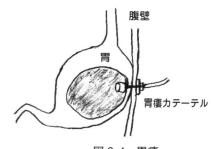

図3-4　胃瘻

第4章 疾　患

● 118～134ページ／凡例　麻痺の種類121・122ページ

脳性麻痺・ペルテス病・筋ジストロフィー：デシャンヌ型・二分脊椎・
未熟児網膜症・てんかん

　　四肢麻痺　　　両麻痺　　　片麻痺　　　三肢麻痺　　　対麻痺　　　単麻痺

黒塗りの部位が麻痺の箇所です。

図4-4　麻痺の種類

第5章 一般用語

● 136〜156ページ（102用語）／凡例　136ページ

インフォームド・コンセント

> ! 十分な説明を患者に行い治療法を選択させることです。最初は医療分野において患者に自己決定をさせるものとして確立したものが，現在は個別の指導計画の作成に当たってインフォームド・コンセントの考えを取り入れながら，子どもや保護者のニーズを反映させています。

■索　引　164〜183ページ

■英文略　184・185ページ

第 1 章

解剖学的内容

第1章　解剖学的内容

> まず，病院の訓練士（理学療法士，作業療法士，言語聴覚士など）の方と連携を図るときに出てくる，教育では教えてくれない用語を抽出してみました。もちろん，まだまだあるとは思いますが，これだけ理解していたら，ある程度，訓練士の先生方のいっていることは分かるかなと思います。
> 最初に，身体の全体についての用語をまとめました。

前後，左右，上下について

- **上と下**…上は頭のある方，下が足のある方です。
- **右と左**…見られる人からの表現になります。見た人からの表現ではありません。
- **前と後**…顔が向いている方が前，背中が向いている方が後ろになります。お腹の方を腹側（ふくそく），背中の方を背側（はいそく）といいます。

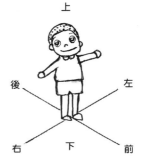

図1-1　前後，左右，上下

- **正中線（せいちゅうせん）**…正中とは，真ん中の意味ですが，その線なので，図1-2のように，体の対称軸となる位置です。もちろん左右対称の生き物の場合ですが。

図1-2　正中線

- **内側（ないそく）と外側（がいそく）**…図1-3のように，正中に近い方を内側，遠い方が外側になります。
- **近位（きんい）と遠位（えんい）**…図1-3のように，身体の中心に近い方を近位，遠い方を遠位といいます。

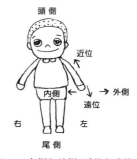

図1-3　内側と外側，近位と遠位

> ! **矢状面（しじょうめん）**…図1-4のように，体の正中に平行で，体を左右に分ける面になります。冠状面に垂直な面です。
>
> ! **冠状面（かんじょうめん）**…図1-4のように，体を前後に分ける面で，矢状面に垂直な面です。

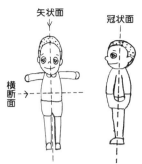

図1-4　矢状面と冠状面

> ! **橈側（とうそく）と尺側（しゃくそく）**…図1-5のように親指のある側が橈側，小指のある側が尺側です。
>
> ! **手背（しゅはい）**…手の甲のこと。
>
> ! **橈屈（とうくつ）と尺屈（しゃっくつ）**…親指側に曲げることを橈屈，反対の小指側に曲げることを尺屈といいます（図1-6）。

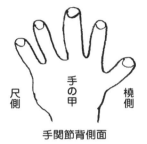

図1-5　橈側と尺側

> ! **掌側（しょうそく）と背側（はいそく）**…手のひらの側を掌側，手の甲の側を背側といいます。

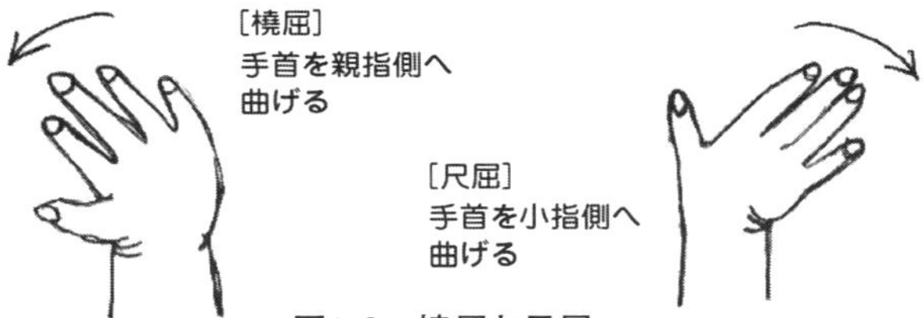

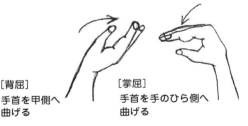

図1-6　橈屈と尺屈

> ! **背屈（はいくつ）と掌屈（しょうくつ）**…図1-7のように，手首を甲側に曲げることを背屈，逆に，手のひら側に曲げることを掌屈といいます。

図1-7　背屈と掌屈

> ! **底側（ていそく）と背側（はいそく）**…足の裏側を底側，足の甲側を背側といいます。
>
> ! **底屈（ていくつ）と背屈（はいくつ）**…図1-8のように，足の裏側へ曲げることを底屈，足の甲側へ曲げることを背屈といいます。

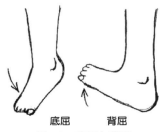

図1-8　底屈と背屈

> **! 回外（かいがい）と回内（かいない）** …手のひらを上下に向ける動作です。図1-9のように，中間の位置から，ちょうだいの手が回外，相手に爪を見せる手が，回内です。手に麻痺のある子どもは回外が難しく，ちょうだいポーズができませんが，回内のうらめしやのポーズが上手です。ここで気をつけなければいけないことは，この動作は，図のように二つの骨の動きで行われているので，肩関節の動きとは無関係な動きです。

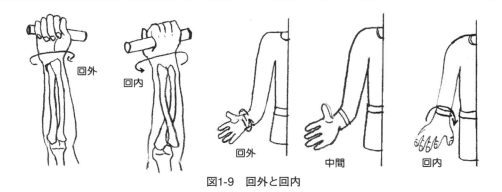

図1-9 回外と回内

また，この動作は，図1-10のように，私たちが日常で行う鉛筆，スプーンや鍵などを操作する動作に関係していて，とても大切な動きです。

図1-10 日常動作と回外と回内の関係

> **! 内転（ないてん）と外転（がいてん）** …よく聞く言葉だけど，いまいち分かりにくい言葉が出てきました。まず，肢体不自由児で，最もよく出てくる股関節から考えてみましょう。
>
> 　股関節の内転の動きは，股関節脱臼につながります。なぜ，脱臼につながるかというと，図1-12を見てもらえば分かると思います。
>
> 　この図のように，内転すると，大腿骨頭（大腿骨の先）が臼蓋（大腿骨頭が入っているところ）から，外へ出てしまう（脱臼）からです。これに大きく関連する筋を内転筋といいます。

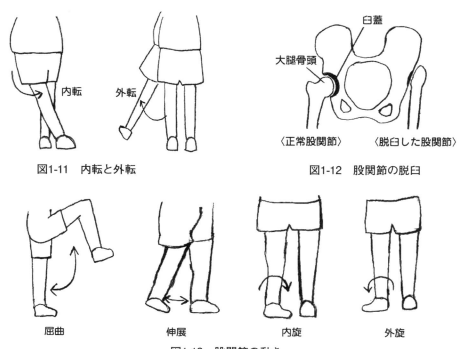

図1-11 内転と外転　　　　　図1-12 股関節の脱臼

図1-13 股関節の動き

　ここで，一気に，股関節に関する他の用語まで，見ていきましょう。これらの動きは，全部，股関節を中心にした脚の動きです。

　まず，図1-13のように足をおなか側に引き上げることを屈曲，伸展は反対に伸ばす動作ですが，後ろにそる動作も伸展になります。

　次に，外側に回すのが外旋で，逆が内旋です。内旋は俗にいう，うちまたですね。今までの用語の外転，内転，伸展，屈曲，外旋，内旋は股関節を中心とした脚の動きでした。ということは他の関節を中心とした同じ動きがあるということですね。

　それでは，簡単な肘関節（ちゅうかんせつ）や膝関節（しつかんせつ）から見てみましょう（図1-14）。肘関節の屈曲と伸展，分かりやすいですね。もちろん，膝関節の屈曲と伸展も分かりやすいと思います。

図1-14 膝関節と肘関節

さあ，いちばん難しい肩関節を考えてみましょう。

　肩関節は，股関節ほど出てきませんが，いちおう覚えておいてください。なぜ，難しいかというと，肩関節には水平内転（すいへいないてん）と水平外転（すいへいがいてん）という肩関節独自の動きがプラスされるので，ややこしくなります。この水平内転と水平外転について，まずは見てみましょう。この用語はあまり聞いたことがないかもしれませんが，実際，自分で図を見ながら行うと理解しやすいと思います。どうですか。平泳ぎをやるときなどの動作ですよね。

　伸展や屈曲は股関節と同じ動きなのですが，なぜか分かりにくいのです。図のように，屈曲は前へ手を挙げていく方向の動きで，伸展は気をつけの姿勢からスキーでジャンプする時の手の方向です。なぜ分かりにくいかというと，「屈曲なのに，腕が曲がっていないけど？！」と考えるからだと思います。私も最初，不思議でした。でも，これは腕の話しではなく，肩関節の動きなのでそうなるんですね。

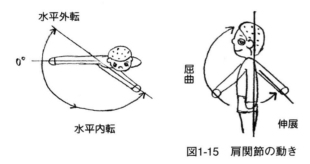 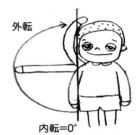

図1-15　肩関節の動き

　次に，外転と内転です。気をつけの姿勢から，外側に上げていく動作が外転，逆の動きが内転になります。

　最後に，内旋と外旋の動きですが，これは図1-16のように内側にねじることを内旋，外側にねじることを外旋といいます。この時注意しないといけないのは，あくまでも肩関節を中心とした動きです。

図1-16　内旋と外旋

　腕の名称は，図1-17のように，肩から肘までを上腕，肘から手首までを前腕といいます。ですから，上腕をねじることが肩関節の内旋と外旋で，前腕をねじるのは回外，回内になります。

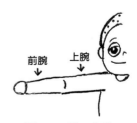

図1-17　腕の名称

最後に，足関節（そくかんせつ）の動きについて説明します。この足関節も，肢体不自由の特別支援学校では，とても重要な場所です。

　まず出てくる用語は，尖足（せんそく）という用語かもしれません。尖足は，なにも肢体不自由児に限ったことでなく，知的障害の子どもでも見られます。図 1-18 のように，踵（かかと）を着けずにいる子どもを見かけるのではないでしょうか。この状態が尖足です。自閉症の子どもでも，尖足で歩いている子どもを時々見かけます。しかし，同じ尖足でも根本的に大きな違いがあります。自閉症の子どもの場合は，感覚過敏からくる尖足で，踵を着けようと思えば，着けることができます。肢体不自由児の尖足は，筋の緊張や短縮からきていることがほとんどなので，着けようとしても足底が床に着きません。

　次に，図 1-19 のような足を見ることがありませんか。この図のように足の裏が内側を向く場合を，内反（ないはん）や内がえしといいます。このような足は内反足（ないはんそく）です。一方，逆に足の裏が外側を向いている状態を外反（がいはん）や外がえしともいいます（図 1-20）。このような足を外反足（がいはんそく）といいます。

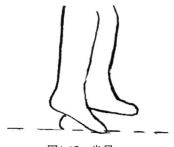
図1-18　尖足

図1-19　内反

図1-20　外反

　一般的には，内反と共に尖足もあり，図 1-21 のような，内反尖足（ないはんせんそく）になっている場合が多いです。一方，外反は，扁平足になる場合が多く，外反扁平足（がいはんへんぺいそく）といいます。どちらも，ひどい場合には，短下肢装具（たんかしそうぐ：P148 参照）をつけるのが普通です。軽い場合には，バスケットシューズのようなハイカットシューズを着用する場合が多いようです。これらの足首に関する用語を，前出の背屈，底屈と一緒に覚えておいてください。

図1-21　内反尖足

それでは，次に身体の姿勢に関する用語を見ていきましょう。

- **立位（りつい）**…立った状態ですが，直立に立つことを特別に直立位といいます。
- **座位（ざい）**…座った状態です。
- **長座位（ちょうざい）**…図1-22のように，足を伸ばして座った状態です。
- **割座（わりざ）**…図1-23のように，M字のような形で座る状態です。
- **端座位（たんざい）**…図1-24のように，背もたれのないイスに座った状態で，体幹の筋の協調性が必要になります。この座り方は，とても日常生活に役に立つ座位です。
- **椅座位（いざい）**…足の裏を床につけて，椅子に腰掛けている座り方です。椅子に座った姿勢と考えればいいでしょう。
- **起座位（きざい）**…図1-25のように，座位より少し前傾で，枕やクッションなどを積み重ねたものにうつ伏せぎみになった姿勢です。

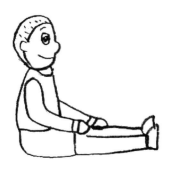

図1-22　長座位

図1-23　割座

図1-24　端座位

図1-25　起座位

> ⚠ **半座位（はんざい）**…図1-26のように，上半身を約45度起こした座位のことで，ファウラー位ともいいます。上半身が高くなるので，横隔膜が下がり，呼吸状態が仰臥位（仰向け）よりもよくなります。入院している人が食事をする時や面会者と会う時には，この座位をとることが多く見られます。
>
> ⚠ **セミファウラー位（せみふぁうらーい）**…図1-27のように，上半身を15～30度起こし，股関節と膝関節を軽く曲げた姿勢のことをいいます。セミファウラー位は，股関節や膝関節を曲げることで体をリラックスさせます。
> 座位はここまでです。

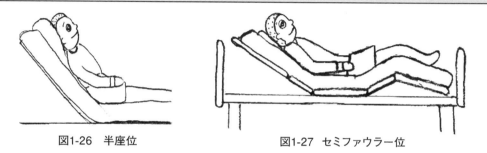

図1-26　半座位　　　　図1-27　セミファウラー位

> 次に，寝た状態について。この寝た状態を臥位（がい）といい，この状態にもたくさん用語があるので覚えてください。まずは，最も多くとる姿勢，仰向けのこと，これを仰臥位（ぎょうがい）といいますが，背臥位（はいがい）ということもあります。

> ⚠ **腹臥位（ふくがい）**…うつ伏せのことです。
>
> ⚠ **側臥位（そくがい）**…横向きになることです。横臥位（おうがい）ということもあります。注意することは，右側臥位とは右を下にした側臥位，左側臥位とは左を下にした側臥位です。
>
> ⚠ **半側臥位（はんそくがい）**…簡単にいうと側臥位と仰臥位の間の姿勢です。図1-28のように，背中に枕やクッション等を入れ，30度ぐらい身体をひねった側臥位です。忘れやすいのは頭部です。よく，頭部だけ仰臥位のままになっていることがあります。忘れずにクッション等を入れてください。

図1-28　半側臥位

仰臥位から側臥位へ，また側臥位から腹臥位へと変換することを体位変換（たいいへんかん）といいます。この体位変換はとても大切なことです。特に，自発的にできない子どもにとって必要不可欠なことになります。もちろん，できる子どもには，自発的にできるような支援が必要になります。よく姿勢変換（しせいへんかん）といわれる用語も聞くと思いますが，基本的には同じ用語だと思ってよいと思います。ただ，体位変換という言葉は医学辞典や介護辞典には載っていますが，姿勢変換という用語は載っていないことを考えると，姿勢変換はどちらかというと教育的な場所で使われているのかもしれません。では，その体位変換がどのくらい大切なことなのか考えてみてください。下記に体位変換の目的を医学大辞典（医学書院）から引用してみました。

①安楽な体位をとること
②同一体位による底面部の圧迫による循環障害や感覚麻痺を避ける
③同一体位による筋肉の萎縮や機能低下を予防する
④循環障害による静脈血栓や褥瘡（じょくそう：床ずれのこと），
　四肢の浮腫（ふしゅ：むくみのこと）を予防したり軽減する
⑤肺の拡張を促進する
⑥気道の分泌物を排出しやすくする

　いくつ考えられましたか。もちろん，教育的には能動的な動きが出やすい体位にしたり，視界に変化を与えたり，まだまだ目的はたくさん挙げられます。

　体位変換とは，ちょっと違いますが，移乗動作（いじょうどうさ）という用語があります。この用語は，図1-29のようにベッドから車いす，車いすから便器などの乗り移り動作のことをいい，トランスファーとも呼ばれています。この動作の獲得は日常生活の広がりにつながります。そのため，病院では頻繁に出てくる用語なのでしっかり覚えてください。

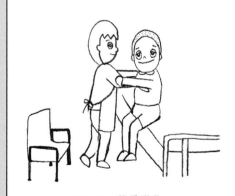

図1-29　移乗動作

アキレス腱（あきれすけん）

> 有名な腱ですね。準備運動をせずに急に運動をすると，プッチリいくところです。では，具体的にはどこかというと，図1-30のように腓腹筋（ひふくきん）とヒラメ筋の共通の腱です。

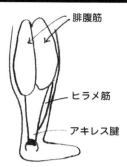

図1-30　アキレス腱

アクチン

> ミオシンとともに，筋肉を構成するタンパク質で，筋の収縮は滑り説（すべりせつ）で説明されています。滑り説では図1-31のように，アクチンがミオシン側に滑り込むことで，筋の収縮が起こると述べています。

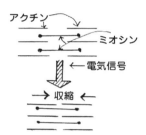

図1-31　筋肉の収縮（滑り説）

アセチルコリン

> 筋肉は縮んで体を動かします。その縮む働きをするのには，神経筋接合部（神経と筋がつながっている部分）にアセチルコリンが必要です。骨格筋や心筋，内臓筋に働き，筋肉の収縮を促進しています。ボツリヌス菌の毒素はこのアセチルコリンを止めるので麻痺を起こします。だから，ボトックス（ボツリヌス毒素製剤の商品名）は脳性麻痺の強い筋緊張を弛めるのに効果があるのです。また，南米のインディオが用いる吹き矢のクラーレは，アセチルコリンを止めるので麻痺を生じさせます。一方，地下鉄サリン事件で有名な猛毒のサリンは，アセチルコリンの分解を止めるので神経伝達を麻痺させます。このアセチルコリンような情報を伝える化学物質を神経伝達物質といいます。

萎縮（いしゅく）

> 正常の大きさから，臓器や組織などが何らかの原因で小さくなることをいいます。

胃底（いてい）

> 図1-32から分かるように，胃底なのになぜか胃の上部なのです。この底は基礎とか容器の底の意味で，「下」の意味ではありません。

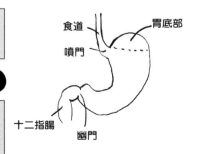

図1-32　胃底

インスリン

ホルモンの一種です。膵臓から分泌され、血糖を下げる働きがあります。糖尿病の治療にも用いられています。

咽頭（いんとう）と喉頭（こうとう）

図1-33から分かるように、咽頭は上方は鼻腔に、前方は口腔に、下方は食道の上端に位置する管状の器官で、呼吸や食物の通路になります。一方、喉頭は咽頭と気管の間で、気道の一部であり、また、発声器官である声帯があります。外から、喉仏として触れる甲状軟骨（こうじょうなんこつ：P.55参照）があります。それでは、咽頭炎と喉頭炎とはどのような違いがあるのでしょうか。咽頭炎はもちろん咽頭粘膜に起こった炎症のことで、症状として、喉に違和感を感じたり痛みがあったり、飲み込む時にのどが痛かったり、痰、咳、熱が出たりします。一方、喉頭炎とは、喉頭粘膜にできた炎症です。この場合の症状は、声がかすれたりして出しづらかったり、のどが痛かったり、痰、咳、熱が出たりします。両者はあまり変わらないようですが、つまり、声が出にくいかどうかでしょうか。喉頭は口を開けても見えないので、ファイバースコープや喉頭鏡という丸い小さな鏡がついている器具で調べます。

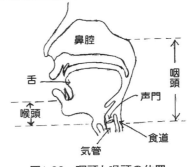

図1-33　咽頭と喉頭の位置

腋窩（えきか）

上肢と体幹の間にある窪んでいる箇所です。腋の下は体の表面だけを示しますが、腋窩の場合、体内も含みます。

遠心性神経（えんしんせいしんけい）

運動神経のことです。中枢（脳と脊髄）から末梢（体全体）へ向かう神経で、中枢から運動の命令を骨格筋に伝えます。

横隔膜（おうかくまく）

図1-34のように、胸腔と腹腔との境をつくる膜状の筋肉です。呼吸運動に関する働きを行っています。横隔膜の痙攣で起こる現象が"しゃっくり"ですね。また、横隔膜には、穴があり、大動脈、大静脈、食道が貫いています。それらの場所を、

順番に大動脈裂孔（だいどうみゃくれっこう），大静脈孔（だいじょうみゃくこう），食道裂孔（しょくどうれっこう）といいます。大静脈だけ裂孔ではなく，孔なのでご注意を。横隔膜は吸気時（息を吸い込むとき）に下降，呼気時（息を吐くとき）に挙上して呼吸運動を行います。膜といいますが実は筋肉なんです。

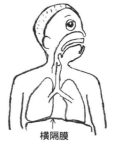
図1-34　横隔膜

横紋筋（おうもんきん）

骨格に連なるものが多いので骨格筋とも呼ばれます。随意運動を支配しています。心筋は随意運動はしませんが横紋筋にはいります。
一方，平滑筋（へいかつきん）は，意志とは無関係に動くので不随意筋になります。消化管や気道などの内臓や血管などです。

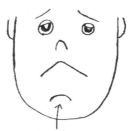
オトガイ部
図1-35　オトガイ

オトガイ

図1-35のような下あごの先です。

オトガイ筋（おとがいきん）

このオトガイ部の先に梅干しのようなしわを作るのがオトガイ筋です。

オトガイ舌筋（おとがいぜつきん）

舌を前方に出す筋になります。口から出た舌が左右どちらかにかたよっている場合，かたよったほうが麻痺が強いことになります。

回旋（かいせん）

重心が変わらずにその場で回転すること。

下顎骨（かがくこつ）

下あごの骨のこと。

蝸牛（かぎゅう）

図1-36のようにカタツムリの形をしていて，その形から名前がついています。カタツムリは漢字で書くと蝸牛なんです。蝸牛にはリンパ液が入っていて，耳小骨の振動でリンパ液が揺れ，その揺れを感覚細胞（有毛細胞）がとらえて電気信号に変換し，蝸牛神経に伝えます。

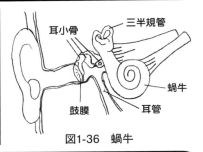

図1-36　蝸牛

下肢（かし）

あしのこと。

下腿（かたい）

下肢の一部で，膝から足首までをいいます。

下腿三頭筋（かたいさんとうきん）

腓腹筋（ひふくきん）＋ヒラメ筋（ひらめきん）＝下腿三頭筋です。腓腹筋は，図1-37のように二つに分かれているので，ヒラメ筋と合わせて三頭筋になります。ヒラメ筋は腓腹筋の中にあります。ヒラメ筋は単関節筋（一つの関節をまたいでつながっている）ですが，腓腹筋は二関節筋（二つの関節をまたいでつながっている）です。

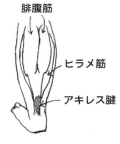

図1-37　下腿三頭筋

寛骨（かんこつ）

骨盤の左右の壁を形成する左右一対の骨で，図1-38は骨盤の図になりますが，その中で，寛骨＝腸骨＋坐骨＋恥骨をいいます。

寛骨臼（かんこつきゅう）

図1-38のように，大腿骨（だいたいこつ）の頭部が入って股関節をつくるところです。簡単にいうと，寛骨の外側にある大きなくぼみです。つまり，大腿骨頭（大腿骨の上端）を屋根状に覆う骨盤の骨になります。よく出てくる骨盤（こつばん）とは，寛骨（左右）＋仙骨＋尾骨をいいます。

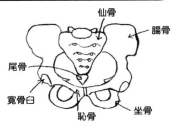

図1-38　骨盤と寛骨臼

関節（かんせつ）

! 骨と骨とがつながっている部分。

関節可動域（かんせつかどういき）

! 他動的にどの程度動くかの範囲で，関節の動く範囲です。拘縮が進むと関節可動域がどんどん狭くなります。

関節頭（かんせつとう）と関節窩（かんせつか）

! 図1-39のように，関節を作る骨は普通一方が凸状で，これを関節頭といい，もう一方の凹状の方を関節窩といいます。

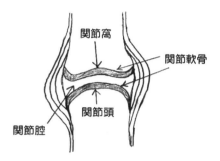

図1-39　関節頭と関節窩

気管（きかん）

! 直径約1.5～2cm，長さ約10～11cmの管で，左右の気管支に分かれます。気管は軟骨の輪でできていて，そのため常に開いていて空気が通れるようになっています。気管，気管支の壁（内側の粘膜）には有毛細胞（毛がはえている細胞）と粘液を分泌する細胞が並び，ゴミや細菌が入ってくると粘液で包みこみ，有毛細胞の毛の働きで痰として外へ送り出しています。

気管支（きかんし）

! 図1-40のように，気管が左右に分かれたもので，右の方がやや太くほぼ垂直になっているために，異物が落ち込みやすい傾向があります。そのため，誤嚥している場合には，喘鳴（ぜんめい：息を吸うときや吐くときにする音のこと，よくゼコゼコやゼイゼイと聞こえる音のことです）が右から聞こえることが多くみられます。

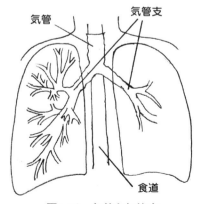

図1-40　気管と気管支

起始（きし）と停止（ていし）

筋肉は骨と骨，骨と皮膚にくっつき体を動かしていますが，筋が収縮したときに動く方で体の中心から離れている方を停止，中心側を起始といいます。例えば，腕の筋肉を考えてみると，図1-41のように，起始と停止が分かりやすいですね。

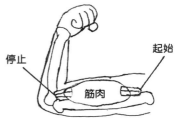

図1-41　起始と停止

拮抗筋（きっこうきん）

２種の筋または筋群が互いに対抗して働き合う筋。つまり，一方の筋が縮むと，拮抗筋は伸びます。図1-42のような上腕二頭筋と上腕三頭筋は有名な拮抗筋です。

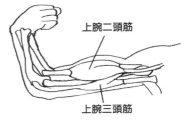

図1-42　上腕二頭筋と上腕三頭筋

脚長差（きゃくちょうさ）

左右の下肢の長さが違うことです。この長さが違う理由として，関節の拘縮や股関節の脱臼が考えられます。脱臼している方の脚が短くなります。

臼蓋（きゅうがい）

前に，寛骨臼という言葉が出てきましたが，図1-43のように，このくぼみに沿ってできている骨盤の骨です。大腿骨頭を屋根状に覆っています。

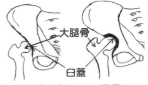

図1-43　臼蓋形成不全

臼蓋形成不全（きゅうがいけいせいふぜん）

肢体不自由特別支援学校ではよく出てくる言葉です。前出の臼蓋がきちんとできていないことをいいます。つまり，大腿骨頭の覆いができていない状態です。骨は圧がかかることで細胞分裂して成長していきますが，立ったり歩いたりしていない場合には，圧がかからないのでこの骨が成長しません。そのため，臼蓋形成不全になります。臼蓋を作るには，子どもを立たせることがいちばんです。臼蓋形成不全の状態と正常の状態を比較すると，どちらが大腿骨頭が抜けやすいか，図1-43を見ると一目瞭然です。

吸気（きゅうき）

吸い込んだ息。　⇔　呼気（こき）・・・吐き出した息。

胸郭（きょうかく）

図1-44のように，肋骨（ろっこつ）や胸骨（きょうこつ）などからなる胸をとりまく骨格をいいます。これに筋肉が加わって胸腔を作ります。その中に心臓や肺があります。

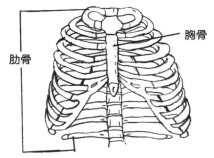

図1-44　肋骨と胸骨

頬筋（きょうきん）

頬の筋で表情筋（顔の表情をつくる筋）の一つ。食塊を歯のほうに押しつける働きや管楽器の吹奏でも働きます。

胸腔（きょうくう）

胸郭に囲まれた部分で下は横隔膜で仕切られます。肋骨前部が吸気時に上がり，胸腔が広がり，呼気時に下がり胸腔は狭くなります。

胸骨（きょうこつ）

図1-44で分かるように，胸部の前面中央に縦に走る骨で，肋骨とつながっています。

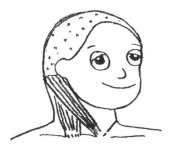

図1-45　胸鎖乳突筋

胸鎖乳突筋（きょうさにゅうとつきん）

図1-45のように，胸骨と鎖骨から始まり，側頭骨の乳様突起が終わりなので，頭文字を取って「胸鎖乳突筋」といいます。頸の回しや傾きに働き，頸を回すと浮き出てきます。顔はこの筋が縮んだ側の反対を向きます。この筋は，頸に巻きついているような構造になっているので，巻いたマフラーを引っ張ったように顔は動きます。

胸椎（きょうつい）

脊柱をつくる第8番目の骨から，第19番目までの12個の骨です。Thoracic vertebraeの略語で，TあるいはThで表すことがあります。

筋紡錘（きんぼうすい）

固有覚（こゆうかく：筋の位置を知らせる感覚です）をつかさどる受容器の一つで，筋の内部にあり，筋の緊張や収縮の程度を感知する紡錘状の筋繊維です。膝蓋腱反射（P.29参照）が起こるのは，膝下をたたかれたときに，すばやく筋紡錘が筋が伸びたことを感知し，その情報が脊髄へ伝わり，折り返して，伸びた筋を収縮させるようにフィードバックされるからです。

屈曲拘縮（くっきょくこうしゅく）

屈曲とは関節を曲げて近づけることをいい，例えば肘関節の屈曲の場合は，肘を曲げて前腕が上腕に近づく運動になります。屈曲に対し，関節を曲げた状態から伸ばすことを「伸展」といいます。屈曲拘縮とは，伸展する筋力に比べ，屈曲する筋力の方が強いため，屈曲した状態で拘縮（こうしゅく：P.27参照）した状態です。

屈筋（くっきん）と伸筋（しんきん）

屈筋は関節を曲げる働きがあり，伸筋は関節を伸ばす働きをする筋です。例えば，図1-46のように，腕の場合には上腕二頭筋は屈筋になり，伸筋（しんきん）は上腕三頭筋になります。

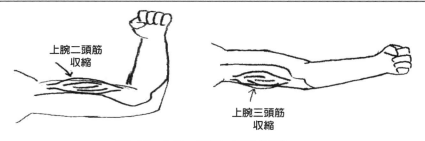

図1-46　上腕二頭筋と上腕三頭筋

脛骨（けいこつ）

膝から足首の間の下肢の前内側にある太い長い骨。むこうずねの骨です。

頸椎（けいつい）

脊柱の頸部をつくる7個の骨で，Cervical vertebrae の略でCで表すことがあります。

腱（けん）

骨格筋を骨につける組織です。アキレス腱が有名ですね。一方，骨と骨を結びつけるのが，靱帯（じんたい）です。

肩甲骨（けんこうこつ）

背中，肩の下にある左右各1個からなる大きな逆三角形の骨です。「かいがらぼね」ともいいます。

原始反射（げんしはんしゃ）

反射とは，刺激に対して意識しないで反応することをいいます。その中で，新生児期にしか見られないものをいいます。この原始反射は新生児が生きていく上で必要な動きになります。発達とともに消失するものが多いのですが，障害のある子どもの場合には，いつまでも残っている場合があります。有名な原始反射にATNR（非対称性緊張性頸反射）や探索反射などがあります。

咬筋（こうきん）

咀嚼（そしゃく：かみ砕くこと）筋の一つで，下あごを上方にあげて，上下の歯を咬み合わせる働きがあります。

拘縮（こうしゅく）

関節周囲の筋，皮膚などが何らかの原因によって動きを失い，関節の動きが制限されることです。有名なものが屈曲での拘縮により伸展させられなくなる屈曲拘縮です。例えば膝屈曲拘縮など。

喉頭軟骨（こうとうなんこつ）

喉頭を形成する幾つかの軟骨で，有名なものに甲状軟骨（のど仏）があります。

股関節（こかんせつ）

! 何度も出てきていますが，脚のつけ根にあり，球形の大腿骨頭とそれを受ける臼蓋から成り立つ関節です。脳性麻痺では，亜脱臼や脱臼しやすいので，よく出てくる言葉です。

骨萎縮（こついしゅく）

! 作られた骨が減少することです。骨萎縮のなかに，廃用性骨萎縮といわれるものがあります。下肢などを動かさない，体重がかからないことによって，骨にかかる負担が減ってしまい，骨そのものの強度が下がってしまう状態です。ですから，宇宙飛行士が宇宙に滞在中には骨萎縮が起こります。もちろん，子どもも寝かせっきりだと骨萎縮が始まり，骨折しやすくなってきます。

骨格筋（こっかくきん）

! 骨格に付着して，体を動かしている筋です。この筋が収縮することで体は動きます。意図的に動かせる随意筋です。

骨髄（こつずい）

! 骨の中心部にある骨内膜で分けられた軟らかい部分のことで，ここでは血を作っています。

骨端（こったん）と骨幹（こっかん）

! 図1-47のように，骨端とは長い骨の両端部分のことで，骨幹は中央部のことです。

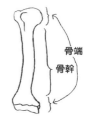

図1-47　骨端と骨幹

骨盤（こつばん）の傾き

! 骨盤については前に出てきましたが，「骨盤が前傾だからね」とか「後傾だね」という内容は連携では頻繁に聞かれる話です。これは骨盤がどのように傾いているかということを意味します。図1-48が前傾で，1-49が後傾になります。大切ですのでよく理解しておいてください。

図1-48　前傾　　図1-49　後傾

骨膜（こつまく）

! 骨の外表面を覆う膜で，中に神経・血管が分布しています。

鎖骨（さこつ）

 図1-50のように，内側は胸骨と外側は肩甲骨を結んでいる棒状の骨です。よくラグビーで鎖骨骨折という事故を聞きます。

三半規管（さんはんきかん）

 図1-51のような形をした器官で，平衡感覚（回転加速度）を感じ取る仕事をします。

膝蓋骨（しつがいこつ）

膝の皿の形をした骨のことです。この膝蓋骨自体はあまり出てきませんが図1-52のような膝蓋腱反射は有名です。脚気(P.139参照）などの時には，この反射は弱くなりますが，中枢神経障害，例えば脳炎・脳出血などのときには反射は強くなります。

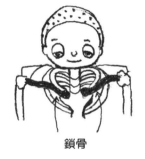

図1-50　鎖骨

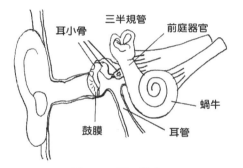

図1-51　耳の構造

図1-52　膝蓋腱反射

靱帯（じんたい）

 骨同士を結合しているものが靱帯で，骨と筋とを結びつけるものを腱といいます。

随意筋（ずいいきん）と不随意筋（ふずいいきん）

 随意筋とは，意志の働きで調節できる筋で，心筋を除くすべての横紋筋です。不随意筋は意志によって動かすことのできない筋（平滑筋と心筋）です。

錐体路（すいたいろ）

この用語は大切ですが，脳と脊髄の位置関係が分かっていないと理解しにくいので，まず脳について説明します。

脳は，簡単にかくと図1-53のようになります。大脳がいちばん上にあり，間脳→中脳→橋→延髄→脊髄とつながっています。そのなかの大脳のいちばん上にあり，外側を覆っているのが，大脳皮質（P.32参照）です。随意的な動きは，ここで考えることでできることになります。一方，不随意運動に関係しているといわれているところが，大脳皮質の下にある大脳基底核と小脳です。それでは，例えば，拍手をしようと思った場合，どのような神経の経路を伝わるのでしょうか。まず，大脳皮質で拍手をしようと思います。この考えは間脳→中脳→橋→延髄→脊髄へと伝わります。では，錐体路の話に戻りますが，この大脳皮質から脊髄に伝わる神経経路を皮質と脊髄を合わせて皮質脊髄路といいます。また別の用語で錐体路というのです。なぜ錐体路というのかはこの神経路が延髄にある錐体という部分を通過することからです。つまり，錐体路とは随意運動を支配する神経伝導路のことになります。この経路は，図1-54のように脊髄にはいる直前に交叉（こうさ）します。これを錐体交叉（すいたいこうさ）といいます。これにより左の脳に傷害を受けた人は右麻痺，右の脳にダメージを受けた人は左麻痺になるのです。一方，錐体外路（すいたいがいろ）という用語があります。これは，錐体路以外の運動性伝導路の総称をいいます。この経路は緊張，弛緩（しかん）などの運動を反射的に，また無意識的に調節しています。この錐体路と錐体外路は病院の訓練見学に行くとよく出てくる言葉です。しっかり理解してください。

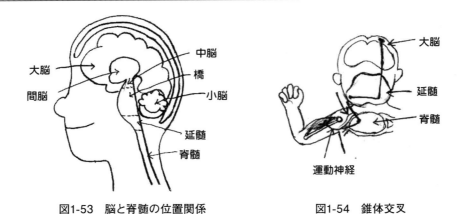

図1-53 脳と脊髄の位置関係　　　図1-54 錐体交叉

脊髄（せきずい）

! 脊椎の中を通って延髄に続きます。全身に神経（この神経を末梢神経といいます）を出しています。この脊髄と脳を合わせて、中枢神経と呼びます。間違いやすいのは脊椎は骨ですが、脊髄は神経です。椎間板ヘルニアとは、文字通り、脊椎の間の板（軟骨組織）が飛び出したこと（ヘルニア）です。脊髄自体が飛び出しているわけではありません。痛みが出るのはこの飛び出したところが神経を圧迫するからです。

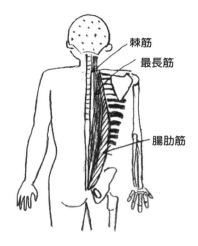

図1-55 脊柱起立筋

脊柱起立筋（せきちゅうきりつきん）

! 図1-55のように脊柱の背側にある筋肉で、外側の筋群を腸肋筋（ちょうろくきん）、中間内側の筋群を最長筋（さいちょうきん）、内側の筋群を棘筋（きょくきん）と呼びます。

脊椎（せきつい）

! 図1-56のように、脊椎動物の体の中心を作る骨格で、7個の頸椎、12個の胸椎、5個の腰椎、5個の仙椎及び、3〜5個の尾椎からなっています。脊柱と同じ意味です。もちろん背骨も同じ意味ですね。

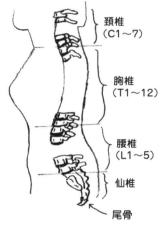

図1-56 脊椎

前庭器官（ぜんていきかん）

! 内耳にある、平衡を感じる器官です。位置的には、前に出てきた三半規管と蝸牛の間が前庭器官（図1-51参照）です。よく、前庭感覚といいますが、これは、頭の傾きや動き、スピード、重力を感じる感覚のことで、この部分で感じることになります。

足関節（そくかんせつ）

! 足首の関節のこと。

仙骨座り（せんこつすわり）

!　仙骨は寛骨と尾骨と一緒に骨盤を形成している骨です。では，仙骨座りとはどんな座りかたなのでしょうか。特徴として，図1-57のように体が後ろに倒れ，背中が丸くなり，股関節が伸び，膝関節が曲がります。よく学校では，「子どもたちをなるべく仙骨座りで座らせないように」と注意されると思います。覚える必要のある言葉です。

図1-57　仙骨座り

大脳皮質（だいのうひしつ）

!　人間しかできない考えたり，記憶したり，予想したりする高次機能と呼ばれる働きを行っています。もちろん，随意的な動きはここで考えることでできることになります。

大腿四頭筋（だいたいしとうきん）

!　図1-58のように，大腿直筋（だいたいちょくきん），外側広筋（がいそくこうきん），中間広筋（ちゅうかんこうきん），内側広筋（ないそくこうきん）から成り立っています。中間広筋は大腿直筋の下にあるので見えません。これは左脚の場合で，右脚になると外側広筋と内側広筋の位置が反対になります。歩行やものを蹴るときに働きます。脚を伸ばす動作（伸展）に使います。

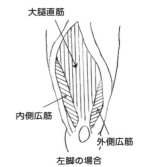

図1-58　大腿四頭筋

大腰筋（だいようきん）

!　図1-59のように，腸骨筋（ちょうこつきん）とともに股関節で大腿部を前に曲げるのに使われる筋です。だから，歩行や姿勢維持に大切な筋です。大腰筋と腸骨筋を合わせて腸腰筋（ちょうようきん）といいます。

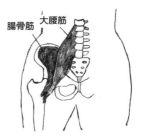

図1-59　大腰筋

大胸筋（だいきょうきん）

!　ボディビルでお馴染みの図1-60のような胸の筋肉です。

大腿骨（だいたいこつ）

!　骨盤と股関節を作る脚の骨です。

図1-60　大胸筋

大転子（だいてんし）

> 図1-61のように，大腿骨でいちばん外に出ている部分です。

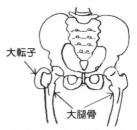

図1-61　大腿骨と大転子

多関節筋（たかんせつきん）と単関節筋（たんかんせつきん）の構造

> この構造の理解は，肢体不自由の特別支援学校ではとても大切なので丁寧に説明します。まず，脚のストレッチの図1-62を見てください。これを見ると，多関節筋では膝を伸ばさないとストレッチにはなりません。一方，単関節筋では足関節さえ曲げれば，ストレッチになることが分かると思います。このように，体は単関節筋と多関節筋に分かれていて，例えば，図1-63のように，上腕三頭筋は肘から肩甲骨にまたいでいる二関節筋と，肘と腕をつなぐ単関節筋に分かれています。これらの仕組みが分からないと肢体不自由児に接するときにうまくいきません。最初は膝を曲げて足関節を屈曲にします。そうするとヒラメ筋を中心にストレッチ作用があり，それが充分ストレッチされてから，膝を伸ばしてストレッチすると腓腹筋が伸びます。足関節が硬くなっている子どもにいきなり膝を伸ばしてストレッチはきついと思いますし，簡単には伸びないでしょう。ハムストリング筋を伸ばすときも同様に考えて行いましょう。

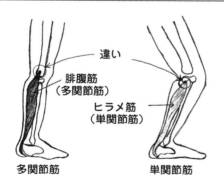

図1-62　腓腹筋とヒラメ筋の関係

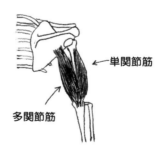

図1-63　多関節と単関節

脱臼（だっきゅう）と亜脱臼（あだっきゅう）

> 今まで脱臼や亜脱臼は，股関節についての話しかしていませんが，もちろん，他の関節でも，脱臼や亜脱臼の恐れがあります。その定義は，以前出てきた関節頭（凸の方）が，関節窩（か）（凹の方）の方から完全に外れている場合を完全脱臼，部分的に両面の一部が接しているときは亜脱臼といわれます。

中間位（ちゅうかんい）

> この用語は肢体不自由の特別支援学校ではよく聞きます。簡単にいうと，筋肉の緊張が釣り合っているために，筋肉が緊張していない状態です。だから伸展もしないが屈曲にもならない状態の位置です。例えば股関節の場合であれば，図1-64のような状態が中間位といいます。これは個人差があるので，どこですと決められているわけではありません。そこを探すのが肢体不自由教育ではとても大切です。

肘関節（ちゅうかんせつ）

> 肘の関節です。

中枢（ちゅうすう）と末梢（まっしょう）

> 中枢とは中枢神経のことで、脳と脊髄を意味します。それ以外は末梢になります。

長母指屈筋（ちょうぼしくっきん）

> 足や手の母指（親指）の屈筋（図1-65）です。長母趾屈筋と書くこともあります。足裏を触って母指を屈曲伸展すると，この筋肉の腱が動くのを確認することが出来ます。脳性麻痺の子どもで足の母指が曲がっている子がいますが，この筋の拘縮が原因です。

図1-64　中間位　　　　　　　　図1-65　長母指屈筋

橈骨（とうこつ）と尺骨（しゃっこつ）

> 図 1-66 のように前腕の二つの骨の関係です。親指側が橈骨で，小指側が尺骨です。

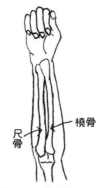

図1-66　橈骨と尺骨

軟骨（なんこつ）

> 弾力があり，骨とともに体を支えていて，骨と骨が連結する関節などに多く，以前出てきた椎間板も軟骨です。軟骨はレントゲンでは写らないので，レントゲン撮影では椎間板が出ているのははっきりは分かりません。気管なども軟骨からできています。

内転筋（ないてんきん）

> 体の内転の動きを出させる筋を内転筋といいます。しかし，普通，肢体不自由の特別支援学校で内転筋といえば股関節を内転させる筋のことです。だから，図 1-67 のように五つの筋（長内転筋，大内転筋，短内転筋など）のことと思ってよいでしょう。

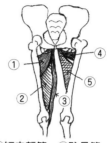

①短内転筋　④恥骨筋
②大内転筋　⑤長内転筋
③薄筋

図1-67　内転筋

はさみ肢位（はさみしい）

> 脳性麻痺では必ず出てくる言葉です。写真 1-1 のように，両下肢の緊張で下肢が内転し，はさみのように交叉している状態です。この肢位では，股関節が脱臼しやすいので要注意です。内転筋とハムストリングなどの緊張が影響しています。

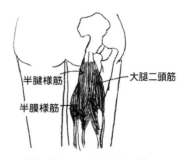

図1-68　ハムストリング

ハムストリング

> 図 1-68 のように，大腿二頭筋（だいたいにとうきん），半腱様筋（はんけんようきん），半膜様筋（はんまくようきん）を合わせてハムストリングといいます。ハムストリングは，股関節と膝関節を調節しながら屈曲伸展を行います。大腿部に力を入れると，外側に触れる筋肉は大腿二頭筋で，内側に触れるのは半腱様筋・半膜様筋です。ここが硬い人は「気をつけ」の姿勢から前屈すると床に指先が着きません。その時，大腿部の裏が痛いと思います。この用語も病院で飛び交う用語なのでしっかり覚えてください。

大殿筋（だいでんきん）

! お尻の筋肉で最も大きくて外側にある筋です。立つときに最も使う筋です。筋肉注射でよく使われます。

腰椎（ようつい）

! 脊髄の腰部をつくる5個の骨で、Lumbar vertebrae の略で、Lで表すことがあります。

腰方形筋（ようほうけいきん）

! 図1-69のように、骨盤から肋骨につながっている筋で、体の横曲げを行います。側弯で凹側が縮んできます。

肋骨（ろっこつ）

! 胸郭を構成する骨であばら骨といわれる骨です。

写真1-1　はさみ肢位

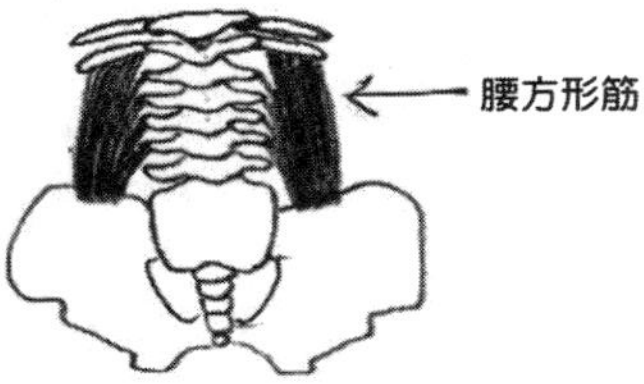

図1-69　腰方形筋

第 2 章

摂食指導

第2章 摂食指導

アイスマッサージ

> 普通，食事前にむせを減少させるために行います。しかし，小児では，口を開けておくことが難しいため，筋緊張が強い場合には無理に行わない方がいいと思います。図2-1のように，軟口蓋（なんこうがい）や舌根部（ぜっこんぶ）を氷水に浸した綿棒で，軽く数回刺激します。その後，空嚥下（からえんげ）をさせます。

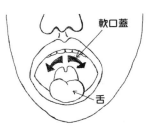

図2-1　アイスマッサージ

亜鉛（あえん）

> 経腸栄養剤の長期使用による亜鉛の欠乏が報告されています。亜鉛の働きは，タンパク質の分解や合成に関係し，新陳代謝を活発にします。つまり，亜鉛が不足すると細胞が正常に作られなくなり，肌荒れや皮膚炎などが起こります。また，下痢，免疫機能低下などの報告もあります。

異食（いしょく）

> 栄養のないもの（土・紙・粘土・毛・氷・木炭・チョークなど）を食べることです。

犬食い（いぬぐい）

> 図2-2のように，食器を食卓に置いたまま，うつむいて犬のように食べることです。

図2-2　犬食い

咽頭（いんとう）

> 咽頭は前（P.20参照）にも出ていますが，摂食では，とても大事なので，もう一回復習しましょう。咽頭は上咽頭，中咽頭，下咽頭の三つの部分に分けられます。図2-3を見ると分かりますが，ここは摂食嚥下に大いに関係します。上咽頭は鼻で呼吸をする通り道で，中咽頭と下咽頭は呼吸

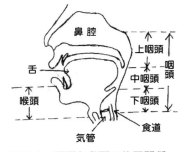

図2-3　咽頭と喉頭の位置関係

と食べものの通り道の一部です。喉頭（こうとう）との位置の違いを確認してください。

咽頭期（いんとうき）

これから摂食・嚥下の一連の流れが出てきますので，ここでまとめて説明しておきます。これらの流れは，一般的に図2-4のように五つの時期に分かれています。
1 　先行期（認知期）：食べ物の形や量などを認識して，食べ方や姿勢を合わせます。
2 　準備期：食べ物を口に入れ，咀嚼（そしゃく）し，飲み込みやすい大きさの食塊を形成します。
3 　口腔期：食塊を口腔から咽頭に送り込みます。この動きまでは，随意運動です。なので止めようと思ったら止められます。また，嚥下第1相とも呼ばれます。

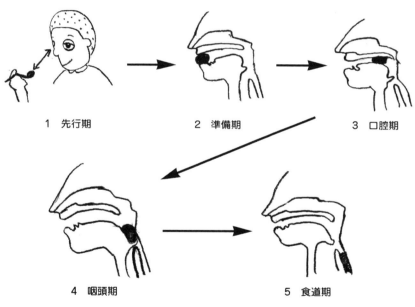

図2-4　摂食5期

4 咽頭期:食塊を咽頭から食道まで運びます。これから先の動きは不随意運動になります。そのため止めようと思っても止められません。つまり,咽頭から食道へ運ばれる働きは反射です。この反射は嚥下反射といいます。水を口に含んで上を向き口を開けると水を飲みたくなくても飲んでしまいます。これが嚥下反射です。またこの時期は嚥下第2相とも呼ばれます。

5 食道期:食塊を食道から胃に送り込みます。このとき,食道は蠕動運動(ぜんどううんどう)をしながら食塊を胃へ運んでいきます。この時期を嚥下第3相ともいいます。当たり前ですが,重力で胃へ落ちているわけではありません。もし,重力で落ちているなら,逆立ちしながら食べたら胃へは行かないことになりますが,逆立ちして食べてもちゃんと胃へ流れます。嘘だと思うならやってみてください。

咽頭残留(いんとうざんりゅう)

嚥下後に咽頭に食べ物が残ること。これが誤嚥の原因の一つになります。

う蝕(うしょく)

虫歯のことです。

うなずき嚥下(うなずきえんげ)

咽頭で食塊が残りやすい部位,つまり前に出てきたように咽頭残留しやすい部位は,図2-5のように喉頭蓋谷(P.57参照)です。

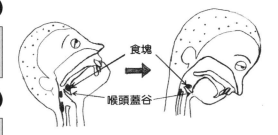

図2-5 うなずき嚥下

このように,咽頭残留がある場合,最初,頸部を後屈すると喉頭蓋谷が狭くなり,ここに残っていた食塊が押し出されてきます。その後,頸部を前屈して,ゴクンをするとある程度流れることがあります。この方法をうなずき嚥下といいます。指示の通る子どもの場合には試す価値があります。

嚥下(えんげ)

食物を口から胃まで運ぶことですが,咀嚼の次の場面です。つまり,咀嚼したものを舌で食塊にして口腔から咽頭に運び,そこから食道を通って胃に運ばれるまでです。うまく嚥下できずに,肺に入ったりすることを誤嚥(ごえん)といいます。

嚥下3相（えんげさんそう）

前にも出てきましたが，嚥下の過程は，第1相（口腔期），第2相（咽頭期），第3相（食道期）の3相に分けられます。口腔期は随意的動きで，咽頭期と食道期は不随意的な動きになります。

嚥下障害（えんげしょうがい）

飲み込みや咀嚼がうまくいかないことです。もちろん，誤嚥も嚥下障害に含まれます。

嚥下造影検査（えんげぞうえいけんさ）

一般的に，VF（Video fluorography の略）といわれています。嚥下造影検査とは，簡単にいうと誤嚥していないかを調べる検査です。ただし，誤嚥しているかを調べるだけではなく，形態の状態（ペースト，きざみ等），食べ物の種類，体位等，どのような状態で摂食することが誤嚥を防げるのか，また，どこに食物が残留しているか等を調べることで，より安全な摂食指導を行うことができます。方法としてはレントゲン透視室で行います。車いすに乗った状態で，バリウムの入った食物を食べてその嚥下の状態を調べていきます。

嚥下中枢（えんげちゅうすう）

嚥下中枢は延髄にあるといわれています。つまりここで精密な嚥下の動きは調整されているんですね。

嚥下内視鏡検査（えんげないしきょうけんさ）

VE（Videoendoscopic examination of swallowing）といわれています。図2-6のように，ファイバースコープを挿入し，食べ物を嚥下する時の咽頭や喉頭を観察しながら誤嚥検査をします。嚥下造影検査（VF）との大きな違いは被爆の問題がありません。しかし，どうしても内視鏡をのどに入れたときの違和感があります。

図2-6 嚥下内視鏡検査

嘔吐（おうと）

簡単にいうと吐くことです。

嘔吐反射（おうとはんしゃ）

一般的には，嘔吐反射は病院に行って，喉を見るために舌圧子（金属のへらみたいな物）で舌を押さえられると，「オェー」となる反射をいいますが，厳密には，延髄にある嘔吐中枢を刺激されると催す吐き気のことで，例えば，胃潰瘍や胃炎でのむかつきや吐き気も嘔吐反射に入ります。一方，歯ブラシなどを喉の奥に突っ込んで「オェー」となる反射は，正確には咽頭反射といいます。

おくび

げっぷともいいます。胃の中にたまった空気が口からはき出される状態。「おくびにも出さない」のおくびです。これは秘密を決して口外しない，そぶりも見せないということです。ということは，げっぷを出してしまうと秘密がもれるかもしれません。

押しつぶし機能（おしつぶしきのう）

図2-7のように口に入った食物を舌と口蓋でつぶす機能です。

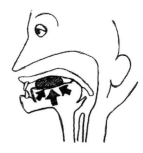

図2-7 押しつぶし機能

押しつぶし食（おしつぶししょく）

> ! 押しつぶし機能がある場合に食べやすい形態です。形があり絹ごし豆腐のような舌で押しつぶせる程度の柔らかさで，少し粘性のある形態です。食材により，圧力鍋等で軟らかくし，とろみで調整していきます。テリーヌ等

オープンバイト

> ! オープンバイトは開咬（かいこう）ともいいます。図2-8のように，歯列不正の一つで，歯を噛み合わせた時に，奥歯は噛んでも前歯が噛まない場合と，逆に前歯が噛んでも奥歯が噛まない歯並びがあります。

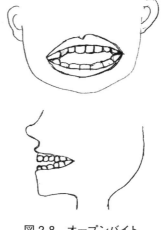

図2-8　オープンバイト

オーラルコントロール

> ! オーラルは口，コントロールは調節ということなので，そのまま訳すと口の調節になります。普通は直接食べさせるときに，誤嚥しないように頭部，下顎や口腔内の動きを引き出す方法として行います。図2-9のように姿勢や頭部のコントロール，頸等の緊張を抑える，食べさせる側が子どもの状態を把握する，口唇の開閉を促し，口腔内の動きを調節する働き等があります。側方からと前方からの支援の仕方がありますが，どちらの支援がよいかは子どもの状態により変化します。また，支援する側のやりやすさ等で変わります。一般的に座位保持いすに乗っている子どもには前方から，抱っこして食べさせる場合には，側方からの支援を行っていますが，特に決まっているわけではありません。この方法は，直接摂食させるための基本なので，必ず覚えておくことが大切です。

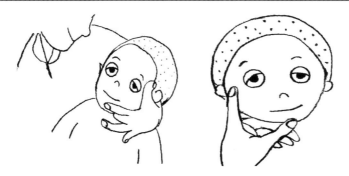

図2-9　オーラルコントロール

開咬（かいこう）

!　開口は口を開くことですが，この開咬は，上下の歯を噛み合わせた時にかみ合わないこと，つまりオープンバイトのことです。

開口器（かいこうき）

!　文字の通り，口を開いた状態に保つための機器です。いろいろなタイプがあります。

開鼻声（かいびせい）

!　口と鼻の間に空気が漏れると鼻腔で音声は共鳴します。そのような声をいいます。原因は，発音するときに呼気が鼻腔へ漏れるために起こります。
　なぜ，鼻腔に呼気が漏れるのかは，口蓋裂や軟口蓋麻痺等の原因があります。

カウプ指数（かうぷしすう）

!　乳幼児の発育状態を知るために使われます。身長と体重から計算します。計算式は次のような式になります。
　カウプ指数＝（体重 g ÷身長 cm の 2 乗）× 10
　それでは，大人のBMI（P.154 参照）との違いはなんでしょうか。計算式を見ると，BMI 指数と同じ計算になっています。違いは，カウプ指数では，判断となる基準値が月齢により変わることです。例えば乳児の場合 15 〜 19，満 3 〜 5 歳では，14.5 〜 16.5 になります。成人の BMI 指数では標準の値が 18.5 〜 25 になっています。

過開口（かかいこう）

!　口が必要以上に開くことです。図 2-10 のように，上から食べさせようとすると，必然的に子どもは過開口になります。介助の仕方でおさまる場合もありますが，過開口が癖になっている子どもは，オーラルコントロールで止めていきましょう。筋緊張の強い脳性麻痺児によく見られます。

図 2-10　過開口

下顎コントロール（かがくこんとろーる）

!　下顎を安定させるために行うオーラルコントロールの一つです。下顎のコントロールを行うことで過開口にならないようにし，また口唇閉鎖を促します。

下唇内転（かしんないてん）

!　下唇が内側にめくりこむような動きです。この動きは正常な子どもでも，「嚥下機能獲得期」に出てきますが，この動きがずっと続いている子どももいます。

仮性球麻痺（かせいきゅうまひ）

!　まず，球麻痺（P.49 参照）になると，発語，発声や嚥下に障害が出ますが，ここでは仮性です。仮性とは病気の原因は違いますが，症状が似ている場合に使う用語です。ですから原因が球麻痺とは違うということです。球麻痺の原因は延髄や橋にある脳神経の障害です。つまり，仮性球麻痺とは，延髄より上の脳が損傷されたために発音や嚥下機能がうまく働かなくなった状態をいいます。

カットアウトコップ

!　写真 2-1 のように U 字型にカットしてあるコップです。そのため飲むときに鼻にぶつかる事がないので，子どもの身体が反ったりすることがありません。つまり飲ませやすいコップです。この写真のコップは 100 円ショップのポリスチレン製のコップをカットしたものです。もちろん，摂食用のカットアウトコップもインターネットで購入できます。その場合の条件として，中の液体が見えるタイプが飲ませるには量を調整しやすいし，口唇や舌の動きも観察できます。そのため，中身の見えないタイプよりも飲ませやすくなります。また，形状が変えられるシリコンタイプが口唇にぴたっときます。これらの条件を考えて購入しましょう。

写真 2-1　カットアウトコップ

下部食道括約筋（かぶしょくどうかつやくきん）

! 図2-11のように食道と胃の接続部の筋肉のことです。食物が通る時には緩んで食道から胃に食物が流れるようになっていますが，それ以外の場合には食道を閉めています。そのことで，胃の中の物が逆流しません。しかし，ここの働きが弱ると，逆流性食道炎になりやすくなります。

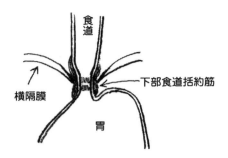

図2-11　下部食道括約筋

ガムラビング

! 図2-12のように，前歯から奥歯に向かって指の腹で歯茎を押しながらこすります。これを上下左右の歯茎で行います。子どもにもよると思いますが，咬反射がある子に行うと噛みこみが減ることがあります。

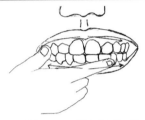

図2-12　ガムラビング

空嚥下（からえんげ）

! 食物が口に入っていない状態で，唾液を飲み込むことをいいます。

間欠的経管栄養法（かんけつてきけいかんえいようほう）

! 口腔ネラトン法ともいいます。間欠とは「一定の時間をおいて起こること」なので，つまり，チューブを出したり入れたりして経管栄養を行うことです。この方法は食事毎にチューブを口から挿入します。それに対して，特別支援学校では一般的には子どもは経鼻経管栄養法（P.52参照）といわれる方法を行っています。これは鼻から胃へチューブを入れて留置する方法です。この間欠的経管栄養法の利点として，注入時以外はチューブを取り出すために管理がいりません。口腔咽頭の清潔が保たれる，見た目がよい，などが挙げられますが，挿入するときに，子どもによっては苦痛が強い，挿入にコツがいる，などの欠点もあります。

間接訓練（かんせつくんれん）

 直接，食べ物を使わずに，摂食・嚥下訓練を行うことを間接訓練といいます。アイスマッサージやバンゲード法（写真2-2）などいろいろなものがあります。

写真2-2　バンゲード法

含嗽（がんそう）

 うがい，または口をすすぐこと。

きざみ食（きざみしょく）

 咀嚼ができないときの（場合の）ために食べ物を小さく刻んだ食の形態をきざみ食といいます。しかし，多くの子どもたちの場合には咀嚼の動きも問題ですが，舌の動きに問題があります。食べ物を奥歯に持っていけなかったり，咀嚼したものをまとめる動き（食塊形成）が難しい場合が少なくありません。例えば野菜をきざみ食にした場合，それをまとめることができないので，誤嚥しやすい形態になります。成人の場合，歯がなくても舌の動きのよい人はきざみ食が有効ですが，子どもの場合，舌の動きがよくないことが多いので，きざみ食が使えない場合も少なくありません。

義歯（ぎし）

 入れ歯

器質的嚥下障害（きしつてきえんげしょうがい）

> ⚠ 構造上に異常があり，嚥下障害になることです。例えば腫瘍，扁桃炎など。

基礎代謝量（きそたいしゃりょう）

> ⚠ じっとしていても生きていくためにはエネルギーが必要です。このエネルギーを基礎代謝量といいます。このエネルギー量は，成人の男子で約1,500キロカロリー（kcal）で，女子では約1,200キロカロリー（kcal）といわれています。

機能的嚥下障害（きのうてきえんげしょうがい）

> ⚠ 構造的には問題はないが動きに異常があり，嚥下障害になることです。実際には，器質的嚥下障害と機能的嚥下障害が重複している場合もあります。

逆嚥下（ぎゃくえんげ）

> ⚠ 脳性麻痺などの障害がある子どもでは，口を大きく開けながら舌を突き出すような動きがあります。この時，舌は口唇よりも外に出てきます。そのため，舌突出ともいいます。本によってはこのような嚥下を乳児嚥下と書いてある場合もあります。この嚥下の場合，舌の突出により食べ物がこぼれやすくなるため，先生方のなかにはこぼれないように舌の奥に食べ物を置いてしまい，誤嚥を引き起こしやすくしている場合があります。

逆流性食道炎（ぎゃくりゅうせいしょくどうえん）

> ⚠ 胃液が逆流することで起こる食道の炎症です。最近，テレビのCMでよく逆流性食道炎の薬を広告していますよね。原因は胃酸の逆流で，子どもの場合は胃痛や胸やけのため不機嫌になったりします。

臼歯（きゅうし）

> ⚠ 糸切歯の奥に位置する歯のことで，奥歯のことです。

吸啜反射（きゅうてつはんしゃ）

> ⚠ 乳児が乳汁を吸う動作は四つの反射の動きで成り立っています。この中の③の反射を吸啜反射といいます。
> ①探索反射：図2-13のように，口唇周りの皮膚刺激により，顔が刺激の方向を向

き，口を開く反射。
②口唇反射：乳首が口唇に触れると，口唇をすぼめて乳首を口唇ではさむ反射。
③吸啜反射…乳首を口蓋に押しつけながら舌で包み込むように母乳を吸い出す反射。
④嚥下反射…食べ物（乳汁）が喉元にくると飲み込んでしまう反射。

図 2-13　探索反射

臼磨運動（きゅうまうんどう）

上下の歯をすり合わせる運動のことです。

球麻痺（きゅうまひ）

球麻痺の球とは延髄のことで，延髄が原因の麻痺です。延髄には，嚥下中枢があるので，ここが麻痺すると嚥下ができなくなります。または，起こっても不十分な嚥下になります。代表的な球麻痺には筋萎縮性側索硬化症（ALS）や多発性硬化症などがあります。

頬訓練（きょうくんれん）

頬に食べ物を入れてない子どもは頬がかなり固くなっています。そこで，写真 2-3 のように指を口の中に入れながら，頬を膨らませたり，もみほぐしたりして頬の筋肉を柔らかくしていきます。

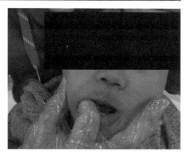
写真 2-3　頬訓練

拒食（きょしょく）

食べないこと，食べることを嫌がることです。幾つかの症候群（コルネリアデランゲ症候群やコステロ症候群等）では拒食が見られることがあります。

空気嚥下（くうきえんげ）

食べ物と一緒に空気を飲み込むことです。この量が増えるとげっぷが出やすくなり，げっぷと一緒に胃の内容物を嘔吐することもあります。

口呼吸（くちこきゅう）

!　鼻ではなく，口で呼吸することが習慣になっている呼吸です。口呼吸する子は意外に多く，そのために摂食時に口唇閉鎖を行わなかったり，よだれが多かったりします。原因は鼻炎や副鼻腔炎による鼻詰まりが多いのですが，治療に行っていない子どもが少なくないのが現状です。口呼吸から鼻呼吸に治していかないと摂食がうまくならないので，治療できるなら保護者と相談して早く治しておいた方がいいと思います。

口すぼめ呼吸（くちすぼめこきゅう）

!　図2-14のように，息を吐くとき口をすぼめゆっくり吐き出す呼吸法です。このため気道内圧を上昇させ，気管支がつぶされにくくなります。効果として，1回の呼吸量を増大し呼吸機能を強くします。

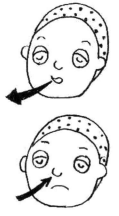

図2-14　口すぼめ呼吸

経管依存症（けいかんいぞんしょう）

!　生まれてからずっと経管栄養により栄養を摂取していた子どもの場合，器質的や機能的には問題がないのに，口から食べようとしないことがあります。これを経管依存症といいます。

経管栄養法（けいかんえいようほう）

!　誤嚥のために経口摂取が困難あるいはできない，または摂食意欲がなく食べない子ども達に，チューブを介して栄養や水分を補給する方法を経管栄養法といい，図2-15のような方法があります。

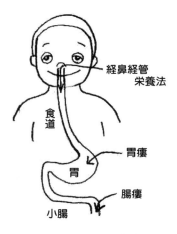

図2-15　経管栄養法

経口摂取（けいこうせっしゅ）

!　口から飲み物や食べ物，薬などをとることをいいます。

経静脈栄養法（けいじょうみゃくえいようほう）

栄養摂取の方法として，腸から栄養を吸収する方法を経腸栄養法といいます。一方，静脈から栄養を摂取する場合を経静脈栄養法といいます。この栄養法のリスクは感染の危険性です。そのため，経腸栄養法が実施できる場合には，経腸栄養法を優先するのが現在の考え方です。もちろん経腸栄養法で栄養が十分摂取できない場合に，経静脈栄養法を併用するという考え方があります。経静脈栄養法のなかに図2-16のような中心静脈栄養があります。よくＩＶＨといわれるものです。

図2-16　中心静脈栄養

経腸栄養法（けいちょうえいようほう）

栄養の吸収を消化管から行う方法をまとめて経腸栄養法といいます。厳密には経口摂取も含まれますが，普通は経鼻栄養，胃瘻，腸瘻などをさしていることが多いようです。これに使う食品を経腸栄養剤といいます。ラコール，エンシュアリキッドなどがよく使われています。最近，アボットジャパン㈱から「エネーボ」という新しい経腸栄養剤が出ました。エンシュアとの違いは，1缶あたりのエネルギーがエンシュアは1缶250ml：250kcal，エネーボは250ml：300kcalです。このエネーボは，経腸栄養剤として初めてセレン，カルニチン等が入っています。セレンは，ミネラルの中の必須微量元素の一つで，ビタミンEと同じように抗酸化の働きをし，老化防止の働きがあります。カルニチンは脂肪酸代謝で重要な役割があります。

経腸栄養用ポンプ（けいちょうえいようようぽんぷ）

写真2-4のようなポンプで，一定時間あたりに適切な量の経腸栄養剤を注入できるように調節するポンプです。消化機能が重度の障害で，経腸栄養で下痢や嘔吐がある場合に使われます。カンガルーポンプやキャリカポンプとも呼ばれています。

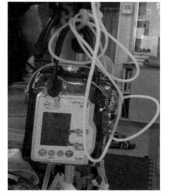

写真2-4　カンガルーポンプ

経鼻経管栄養法（けいびけいかんえいようほう）

> 経管栄養（P.50参照）のなかで鼻から胃へチューブを入れたままにしておく方法です。この方法は咽頭に異物感がある，チューブ周辺が不潔になりやすい，チューブのために嚥下しにくくなる，などの欠点があります。しかし，胃瘻と比較すると，手術をしなくてすむのが大きな利点です。

頸部聴診法（けいぶちょうしんほう）

> 写真2-5のように食べ物を嚥下する時の嚥下音を聴診器で聞き，嚥下の状態を評価する方法です。

写真2-5　頸部聴診法

健常児（けんじょうじ）

> 障害児に対して使われる表現で，健康で元気な子どものことです。

構音障害（こうおんしょうがい）

> 言葉が正しく発音されず，他の人にしゃべっていることが伝わらない状態です。例えば「おとうさん」を「おとうたん」や「がっこう」を「だっとう」というように，正しく言えなかったり他の音に変わる状態です。この原因には，大きく分けて器質性構音障害（発声器官の形態上の異常により起こる障害で，口蓋裂などが考えられます），運動障害性構音障害（発声器官の運動障害により起こる障害で，脳性麻痺や小脳の疾患が考えられます）と機能性構音障害（器質的な異常や麻痺などの運動障害が認められない構音障害です）に分けられます。もちろん聞こえの悪さからも構音障害は起こります。

口蓋（こうがい）

> 口の中の上の壁になります。図2-18のように前方の硬い部位を硬口蓋（P.54参照），後方の柔らかい箇所を軟口蓋といいます。

口蓋垂（こうがいすい）

> 図2-17のように軟口蓋の後部にある垂れた部位です。よく「のどちんこ」といわれています。

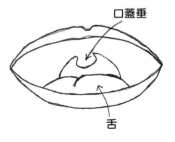

図2-17　口蓋垂

口蓋帆（こうがいはん）

図 2-18 のように軟口蓋の後ろ側で、ここを上へ動かすことで鼻腔と口腔を仕切ります。この口蓋帆が下がって鼻腔へ息が漏れると鼻声になります。この口蓋帆の尖端が口蓋垂です。

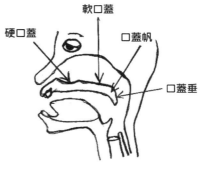

図 2-18　口蓋

口蓋裂（こうがいれつ）

軟口蓋あるいは硬口蓋、またはその両方が開いている状態です。先天性障害の一つです。

口角（こうかく）

口の両わきで上唇と下唇の接合するところです。

口渇（こうかつ）

のどが渇いているときに水を飲みたいという欲望です。

後期食（こうきしょく）

食事の形態を4形態に分けた場合、初期食、中期食、後期食、普通食に分ける方法があります。このような4段階に分けた場合、初期食は半流動食やペースト食で粒がなく滑らかです。中期食は舌でつぶせる程度の硬さで押しつぶし食になります。後期食は軟固形食やきざみ食で奥歯で軽くつぶせる程度の硬さで形のあるものになります。一口大などは普通食に入ります。

口腔（こうくう）

口を大きく開けたときに見える口の中のことをいいます。

口腔期（こうくうき）

咽頭期（P.39）を参照

口腔ケア（こうくうけあ）

口腔衛生のための口腔の手入れをいいます。内容は，食べ物の残りかすの除去，歯垢の除去，口腔内マッサージ，舌の運動などです。目的としては，肺炎の予防，口腔疾患の予防，QOL（生活の質）の向上が考えられます。いちばんは誤嚥性肺炎の予防です。特に，経腸栄養法を行っている子どもは食べていないので，口腔ケアは必要ないと思っている人が多いのですが，これは大きな間違いです。口で食べていない子どもほど口腔内が汚れている場合が多いので念入りにケアをする必要があります。

口腔ネラトン法（こうくうねらとんほう）

間欠的経管栄養法（P.46）を参照

口腔粘膜（こうくうねんまく）

口の中を覆う組織のことで歯肉も含みます。

咬合（こうごう）

上下の歯の噛み合わせのことです。

硬口蓋（こうこうがい）

口蓋の前の部分で硬いところです。図 2-19 のように裏側に上顎骨があるために硬くなっています。また，この前の部分には口蓋ひだと呼ばれる粘膜ひだがあります。

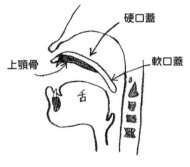

図 2-19　硬口蓋

高口蓋（こうこうがい）

口蓋がドーム状になり高い状態です。この状態は，脳性麻痺やミオパシーなどの子どもに見られます。この状態では食べにくく，誤嚥の原因になります。対策として，舌接触補助床（P.64 参照）などをつける方法があります。

交互嚥下（こうごえんげ）

! 形態の違うものを交互に食べることで、口の中や咽頭の残留などをなくしてきれいにすることです。障害が重度の子どもの場合には、ペースト食やとろみを使うと、咽頭の残留が出てくる可能性が高くなります。そういう時には、形態の違うものを摂食させることで、咽頭の残留をなくします。べたついたものを食べた後にゼリーなどがよく使われます。特にとろみの粘性が強すぎると咽頭の残留が多くなるので、写真2-6のような化粧水入れ（100円ショップに売っています）にお茶や水を入れ、口の中に噴霧してやると、咽頭残留がクリアになる場合があります。

写真2-6　化粧水入れ

甲状軟骨（こうじょうなんこつ）

! 図2-20のように喉頭の前と横に楯状になっている軟骨です。難しそうですが、簡単にいうと「のどぼとけ」を作る軟骨で、この骨の前方部分を「のどぼとけ」といいます。指で触ると「ゴックン」した時に持ち上がる骨です。つまり、この甲状軟骨が上がった時には、飲み込んでいる事になります。しかし、気をつけなければいけないことは、嚥下力が弱っている子どもの場合、1回の「ゴックン」では咽頭にまだ食物が残っている場合があり、次の食事を口の中に入れてしまうと誤嚥の原因になります。ですから子どもの嚥下力は常にチェックしておくことが必要です。

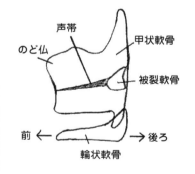

図2-20　甲状軟骨

口唇（こうしん）

! 唇のことです。

口唇訓練（こうしんくんれん）

> !　唇の訓練でいちばん有名なものはバンゲード法だと思います。これについては，バンゲード法（P.74参照）の項を見てください。バンゲード法は決まった方法ですが，子どもの実態によっていろいろと変えていかないといけません。インターネットではいろいろな方法が出ていますので参考にしてください。例えば遊び感覚でできる方法としてボタン引き訓練などがあります。また，指示理解のある人はパタカラ（商品名：インターネットで購入できます）で口輪筋をきたえることもできます。

口唇閉鎖（こうしんへいさ）

> !　文字の通り，口唇を閉じることです。この簡単そうに見える動きがとても難しく，大切な動きになります。口唇閉鎖ができないと口呼吸になってしまい，そのため，外気がそのまま口の中に入り，ウィルスによる口内炎や風邪などを起こしやすくします。また，食物の取り込みなどがうまくいかないために誤嚥の原因になったり，構音障害などがみられたりします。意図的に訓練できる子どもには，「パタカラ」などで口唇閉鎖を促せます。忘れがちですが，口唇閉鎖ができない原因として鼻が詰まっていることもあります。もちろん，鼻が詰まると鼻呼吸ができないので自然と口呼吸になり，口唇閉鎖をしなくなります。まず鼻呼吸ができるのかどうか確認することが大切です。習慣的に口呼吸になっている子どももいますが，アレルギー性鼻炎や副鼻腔炎のために鼻呼吸ができない子どももいるので要注意です。

口唇裂（こうしんれつ）

> !　図2-21のように先天的に口唇部が裂けている状態です。日本人では約500人に一人だといわれています。

図2-21　口唇裂

喉頭（こうとう）

> !　咽頭（いんとう）と喉頭（こうとう）（P.20）を参照

喉頭蓋（こうとうがい）

> !　図2-22のように舌の付け根（舌根）のすぐ後ろにあり，食べ物が食道へ行くように気管に蓋をし，誤嚥することを防ぎます。

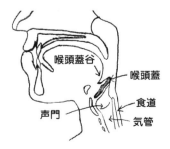

図2-22　喉頭蓋谷の位置

喉頭蓋谷（こうとうがいこく）

! 図2-22のように舌根と喉頭蓋の間にあるくぼみです。嚥下の時，食物がたまり，それが嚥下のタイミングでないときに流れていくと，誤嚥の原因になります。重度の子どもは，嚥下力が弱いためたまりやすい傾向があります。また，とろみを入れすぎて食べ物の粘性が上がりすぎると，この部分に食物がたまる原因になり，誤嚥を起こすことにもなります。とろみも多すぎてもよくないんです。要注意ですね。

喉頭隆起（こうとうりゅうき）

! のど仏のことです。

咬反射（こうはんしゃ）

! 緊張性咬反射ともいいます。歯に硬いものが触れると嚙みこむ反射です。この反射は，乳児の頃に口の中に異物が入るのを止める動きだといわれています。また，将来，咀嚼につながる動きでもあります。

口輪筋（こうりんきん）

! 図2-23のように口の周りの筋肉で，口唇の閉鎖に関係しています。顔面神経の影響をうけています。最近は若々しい顔を維持するために話題になっている筋肉です。

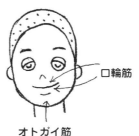

図2-23　口輪筋

誤嚥（ごえん）

> 誤嚥とは、食べ物が気管に入ってしまう状態をいい、肺炎の原因になります。また、同じような言葉に誤飲という言葉がありますが、これは異物を誤って飲み込んでしまうことです。赤ちゃんがビー玉など飲み込んだ場合は誤飲です。一方、水を飲んでむせた場合は誤嚥になります。誤嚥は、嚥下しているとき、つまり飲み込んでいるときだけのような気がしますが、実は図 2-24 のように三つの起こるタイミングがあります。
>
> ○ **嚥下前**　いつのまにか、徐々に食べ物が気管に流れて行ってしまう。
> ○ **嚥下中**　食べ物を飲み込もうとしたときに、気管に食べ物が入ってしまう。
> ○ **嚥下後**　飲んだ後に、口の中やのどの梨状窩（P.79 参照）に残っているものが気管に入ってしまう。
>
> 嚥下力が弱くなった子は、嚥下後に誤嚥する事が多くなります。また、とろみをつけすぎると粘性が高くなり、のどに食べ物が残る場合が多くなり、嚥下後に誤嚥する場合が見られます。むせる時がいつか注意しておくことも必要です。

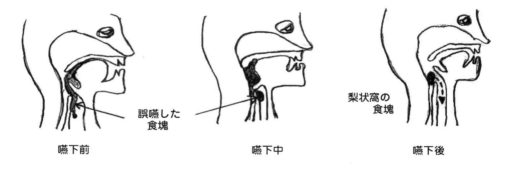

図 2-24　誤嚥のタイミング

呼吸中枢（こきゅうちゅうすう）

> 呼吸運動を調節する中枢です。この中枢は延髄にあるといわれています。

固形食（こけいしょく）

> 流動食に対して、一定の形を持っていて噛んで食べる普通の食べ物のことです。

サイレントアスピレーション

!　「不顕性誤嚥（ふけんせいごえん）」ともいいます。サイレントとは静か，アスピレーションは誤嚥なので，「静かな誤嚥」ということになります。つまり，むせない誤嚥です。不顕性とは症状が出ない場合のことをさします。例えば，不顕性感染とは，ウイルスや微生物に感染していても症状が出ない場合をいいます。このむせない誤嚥はとてもやっかいで，知らず知らずのうちに気管内に異物が入ってしまいます。つまり，気づかないうちに肺炎になる可能性もあるということです。学校で見ていると，あまりむせが見られないのによく熱を出す子どもや，吸引するのにあまり嫌がらない子どもはサイレントアスピレーションの可能性があります。日常接している保護者や教師が気づくことが大切です。食事中のむせは，常に誤嚥かなと感じることができますが，繰り返す原因不明の熱も誤嚥の可能性があるので要注意です。

嗄声（させい）

!　俗にいうしわがれ声のことです。

サッキング

!　随意的吸啜といわれ，サックリング（次項参照）が発達すると，この動きになります。この動きは生後6か月頃からでてくる動きで，サックリングと違い舌を上下方向に動かして吸ってくる動作です。

サックリング

!　反射的吸啜といわれ，舌を前後に動かし吸ってくる動作です。

三指握り（さんしにぎり）

!　図2-25のように親指，人差し指，中指を使う握り方です。手に麻痺のない子は目指したい握り方です。巧緻性に優れていますし，今後，箸や鉛筆へ移行するためには必要な握り方です。

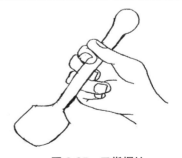

図2-25　三指握り

歯垢（しこう）

プラークと呼ばれるものです。テレビのコマーシャルでよく聞きますが，歯垢とは，いったい何でしょうか。歯医者に行ったときに，取ってもらった経験のある人は，歯の表面に形成される黄白色の付着物だとなんとなく知っているのではないでしょうか。では，あの黄白色の正体はというと，実は細菌のかたまりなんです。その細菌が虫歯や歯周病の原因になるのです。何と1mgに1億個以上の細菌がいるそうです。また，水に溶けないので，機械的に歯ブラシやデンタルフロスを使って落とさないといけません。似たようなものに歯石というものがありますが，歯石とは歯垢が唾液のミネラルと結びつき，硬くなったものをいいます。これができると歯磨きだけでは取り除くことができないので，歯医者さんに行って取り除いてもらうしかありません。

指示嚥下（しじえんげ）

「飲み込んでください」と指示されてから意識的に口腔内の食べ物を嚥下することです。検査の時に行います。

自食（じしょく）

自分で食べることです。

シーソー呼吸（しーそーこきゅう）

奇異呼吸（P.88）を参照

自由嚥下（じゆうえんげ）

指示嚥下に対して行う嚥下がこの自由嚥下です。簡単にいうと普段の食事をした時の嚥下だと思ってください。この自由嚥下と指示嚥下では嚥下のパターンが違っていることが分かっています。指示嚥下ではきちんと口腔期と咽頭期に分けられますが，自由嚥下の場合には咀嚼中に咽頭に食べ物を入れるときがあります。そのためきれいに摂食5期に分かれない場合もみられます。

手掌握り（しゅしょうにぎり）

手掌回内握りともいいます。図2-26のように握ることをいいます。つまり，手が回内（P.12参照）になっています。手掌とはてのひらのことです。つまり，てのひら

で握ることになります。この握り方は，力は入りますが，巧緻性に欠けます。指に麻痺のある子などはこの握りになっている場合をよく見かけます。この握りから箸の握りには移行することは難しいので，箸への移行を狙っている場合には，三指握りへ（P.59参照）移行する必要があります。

図 2-26　手掌握り

準備期（じゅんびき）

摂食5期の一つです。咽頭期（P.39）を参照。

上気道（じょうきどう）

下気道（P.85）を参照

常食（じょうしょく）

健康な人がいつも口にする食事。

初期食（しょきしょく）

後期食（P.53）を参照

食育（しょくいく）

食習慣や栄養などの食に関する教育をいいます。この教育では健全な心身を培い，豊かな人間性を育むことができる人を育てることが目標になります。また，2005年の7月施行の食育基本法では，『食育を，生きる上での基本であって，知育，徳育及び体育の基礎となるべきものと位置づけるとともに，様々な経験を通じて「食」に関する知識と「食」を選択する力を習得し，健全な食生活を実践することができる人間を育てる食育を推進することが求められている』としています。

食塊形成（しょくかいけいせい）

> 食べ物を口の中に入れ咀嚼した後，唾液と混ぜて飲み込みやすいように丸められたものを食塊，それを形成する一連の過程を食塊形成といいます。これには舌，歯，口唇，頰などの複雑な協応動作が必要になります。普通，意識することなく食塊形成は行われているため，あまりその重要さには気がつかないかもしれませんが，食塊形成がうまくできないと，咀嚼されただけの状態で飲み込んでしまうので，バラバラした状態の食べ物が咽頭にダラダラと入っていくことになり，誤嚥の原因になります。この食塊形成は舌に麻痺があるとかなり難しい動きになります。

食具（しょくぐ）

> 茶碗，箸，スプーンなどの食べるための道具のことを食具といいます。

食形態（しょくけいたい）

> 普通食，きざみ食，ペースト食，ミキサー食などを食形態といいます。食形態の名前に関しては統一されたものはないので，学校や病院等で同じ形態でも名称が違うことがあります。

食道期（しょくどうき）

> 摂食5期の一つです。咽頭期（P.39）を参照

食道裂孔（しょくどうれっこう）

> 食道は横隔膜の穴を通って胃につながっています。この横隔膜にある穴を食道裂孔といいます。この穴の上が胸腔で，下が腹腔になります。

吸い飲み（すいのみ）

> 写真2-7のような，よく寝たきりの人の水分補給に使われる水飲み容器です。

スパウト

> マグマグに取り付けるパーツの一つで，カモノハシのくちばしのような形をしたものです。

写真2-7　吸い飲み

正期産児（せいきさんじ）

在胎37週以上，42週未満で出生した子どものことです。

成人嚥下（せいじんえんげ）

乳児嚥下に対して使う用語で，一般の成人の嚥下です。口唇を閉じた状態で，舌で食べ物を咽頭へ運んで嚥下することです。正常な大人の食べ方です。

舌骨（ぜっこつ）

よく聞く用語ですが，どこにある骨でしょうか。位置は図2-27のようなところにある骨です。あごとのどの間にあり，働きとしてこの舌骨と甲状軟骨が持ち上がることで飲み込みを行います。つまり，舌骨と甲状軟骨の動きの悪い子どもは飲み込みに問題がある可能性があります。

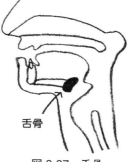

図2-27 舌骨

舌根（ぜっこん）

舌の付け根の部分です。時々，舌と舌根は別のものと勘違いしている人がいますが，もちろん舌の一部です。

摂取カロリー（せっしゅかろりー）

> 言葉の通り，食物により体内に入るエネルギーです。「炭水化物」，「たんぱく質」，「脂肪」の三つだけがカロリーがあるということを知っていましたか。そのなかでも，グラム当たりのエネルギーは，「脂肪」が最も高いのです。
> それぞれのカロリーは
> 「炭水化物」のカロリー：1グラムあたり4Kcal
> 「たんぱく質」のカロリー：1グラムあたり4Kcal
> 「脂肪」のカロリー：1グラムあたり9Kcal
> 太ってしまうのは，摂取カロリーが消費カロリーを上回った分が脂肪として蓄積されるからです。

摂食（せっしょく）

> 食べ物をとることです。嚥下までを含めて摂食といったり，摂食・嚥下といったりします。食べ物を認識してから，食べ物が食道を通り胃に至るまでのことになります。これらの過程は5期に分けるのが普通の考え方です。これを摂食5期（P.39参照）といいます。

摂食中枢（せっしょくちゅうすう）

> 嚥下中枢や呼吸中枢は延髄にあるといわれていますが，摂食中枢は，図2-28のような位置の視床下部にあるといわれています。ここを電気で刺激すると，食欲不振や食べ続けることがあるといわれています。

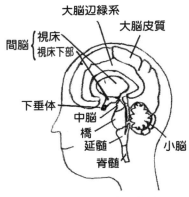

図2-28　視床下部の位置

舌接触補助床（ぜつせっしょくほじょしょう）

> PAP（Palatal Augmentation Prosthesis）といわれています。写真2-8のような装置（長いワイヤーの方が前歯になります）を口蓋に装着して活用します。小児の場合，舌の動きに運動障害がある子どもの口蓋を厚くし，押しつぶしなどの摂食を行いやすくする効果があります。成人の場合には，摂食・嚥下だけでなく構音障害のためにも用いたりします。2010年4月に保険適用になってから，注目

を集め始めました。学校でも活用している子どもがいますが、舌の動きによる「準備期」、「口腔期」の改善はもちろん、前歯が前方に出てくるのを抑える効果も大きいと感じました。同じような口腔内装置に、Castillo-Morales床というものがあります。これは食べるときだけ装着するのではなく、常に装着することにより舌の遊びを促すことで、舌の動きを良くしようとする考えの装置です。今現在は保険適用ではないのが残念です。

写真2-8 舌接触補助床

舌挺出（ぜつていしゅつ）

! 「挺出」とは位置の異常を示す用語で、安静時でも舌が前歯よりも出ている状態といえます。一方、舌突出は食べるときに緊張などで舌が出てくるイメージと思ってもらえばいいかもしれません。ですから、ダウン症などの子どもがふだん舌を前歯よりも前方に出しているのは舌挺出といえます。

舌挺出反射（ぜつていしゅつはんしゃ）

! 出生時に見られる原始反射の一つです。この反射は、硬い物が口の中に入ると舌を出して口に入るのを防ぐ働きをします。

舌突出（ぜつとっしゅつ）

! 逆嚥下と同じ意味です。舌突出は誤嚥の原因にもなるし、開咬にもつながるので、なるべく早く治していくことが大切です。普通、図2-29のようにスプーンで出ている舌をいちど口腔内に収めて、下顎を閉じながら捕食させる食べさせ方が一般的です。

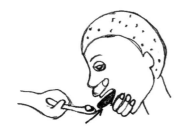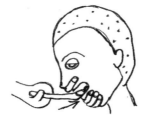

図2-29 舌突出に対する介助

セレン

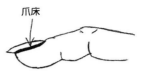

図 2-30　爪床

亜鉛と同じように経腸栄養剤を長期間使うことにより，セレン欠乏が報告されています。症状としては，心機能障害や図 2-30 のような爪床部（そうしょうぶ）の白色化などが現れます。

先行期（せんこうき）

咽頭期（P.39）を参照

蠕動運動（ぜんどううんどう）

食べ物を移動させるために消化管が収縮する動きです。この動きは，自律神経で調節されているので意識的に調節はできません。この動きが大腸で低下すると便秘の原因になります。腸の蠕動運動は納得いきますが，実は食道も蠕動運動で食べ物を運んでいます。だから逆立ちして食べても胃には流れていきますよ。

繊毛上皮（せんもうじょうひ）

繊毛を持っている上皮組織のことです。上皮組織とは体表面や体内の器官内の表面をおおう細胞層のことです。この繊毛運動で異物を排出しています。気管内も繊毛上皮に覆われていて，異物を体外へ出すように働きます。この働きで，軽い誤嚥をしても異物は体外に出されて肺炎にはなりません。ふだん私たちも寝ているときなど誤嚥しているのですが，この働きで病気にならないのです。しかし，この繊毛運動が弱っていたり，誤嚥の量が多いと肺炎になる確率が高くなります。

造影剤（ぞうえいざい）

嚥下造影検査で誤嚥がないかを調べるときに検査食に造影剤を混ぜ，レントゲン透視検査を行います。もちろん，誤嚥量を最小限にとどめ，誤嚥しても気管支，肺に影響の少ない造影剤を使用しています。

早産児(そうざんじ)

> 在胎22週から36週までに生まれた子どものことです。早産児とは在胎週数で分けた呼び方ですが、体重で分けた呼び方もあります。体重で分けた場合、2500g未満を「低出生体重児」、1500g未満を「極低出生体重児」か「極小未熟児」、1000g未満を「超低出生体重児」か「超未熟児」といいます。

増粘剤(ぞうねんざい)

> とろみ(P.71)を参照

咀嚼(そしゃく)

> 歯で食べ物を噛み砕いて小さくし、唾液と混ぜ合わせながら飲み込みやすい大きさにする動きです。

咀嚼筋(そしゃくきん)

> 下あごの運動、つまり食べ物を噛むときに使う四つの筋をまとめて咀嚼筋といいます。普通、口を開ける筋は咀嚼筋にはいれません。図2-31のように、外側にあるのが咬筋と側頭筋です。内部には外側翼突筋と内側翼突筋があります。

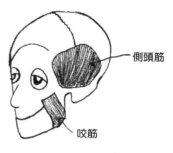

図2-31 咀嚼筋

咀嚼中枢(そしゃくちゅうすう)

> 嚥下中枢と同様に脳幹の延髄という所にあります。ここで、咀嚼の一連の動きを制御してリズミカルに筋を働かせています。

ソフトスプーン

> 写真2-9のようなスプーンです。シリコンでできていることが多いようです。咬反射が強い子どもは、金属スプーンを使っていると前歯が摩耗したり、破損してしまうことがあります。その場合に使用します。しかしこのスプーンは正しい温度を口唇に伝えないのでよくないという考え方もあります。

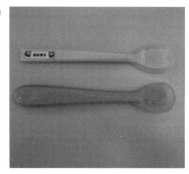

写真2-9 ソフトスプーン

唾液（だえき）

唾液腺から口の中に分泌される液であることは皆さんご存知だと思います。驚くことに，1日に1ℓ以上出ていて，多くの仕事をしています。皆さんが良く知っているのは，昔，学校で習った消化酵素のアミラーゼを含んでいるということだと思います。それ以外にも食べ物と混ざることで食塊を形成しやすくします。また，リゾチームという細菌を分解する酵素を含んでいたり，口の中を洗い流す働きもあり，口の中を清潔に保ちます。その他，口の中のpHを一定に保つなどの多くの働きがあります。つまり，口腔内は唾液によってある程度きれいに保たれているということです。経管栄養などで食事をしていない子どもの口の中は，唾液が出にくくなるので汚れやすくなります。だから口腔ケアは必ずしないといけません。

脱感作（だつかんさ）

除感作ともいいます。過敏があるところの過敏を取り去ることです。この脱感作の必要性は摂食に限ったことではなく，身体全体にいえることです。手のひらや足底に過敏がある子どもも多いかと思います。過敏があると触られることを極端に嫌がるので，なかなか子どもに接することができません。まず，過敏を取って触れることができるようにしていくことが大切です。普通は図2-32のように体の中心に遠いところから始めていきます。この脱感作の方法は，一般的には脱感作する箇所を手のひらで圧迫していきます。この時，嫌がっても離したりしてはいけません。30秒ぐらいは圧迫した状態を続けます。嫌がる様子がなくなったところで手を離します。この用語が摂食のところに出ている理由は，口の周りや口腔内の過敏が見られる子どもが多いからです。写真2-10のように手のひら全体で口周りをしっかり圧迫するように当て，手を動かさないようにします。楽しい活動ではないので，子どもが好きな歌を歌いながら行うなどの工夫が必要です。

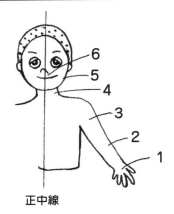

正中線

図2-32　脱感作

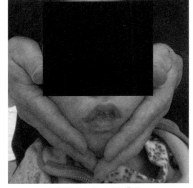

写真2-10　脱感作

痰（たん）

痰を知らない人はいないと思います。あの口から出るねばねばした液体です。でも、なぜ出るのかといわれるとあまり知らないのではないでしょうか。医療的ケアが導入され、吸引で痰を引いている子どもを担当していらっしゃる先生も多いのではないかと思うので少し詳しく述べてみます。痰とは、体に入ってきた大気中の塵や細菌等を体の外に排出する役目もしているため、病気の人だけが出しているものではないのです。実は健康な人でも、成人で1日当たり100mlぐらい出しているといわれています。正常な量の場合、気管の繊毛運動で口腔に運ばれ、無意識に嚥下されるので気がつきません。しかし、気管支からの分泌量が増えて正常な量をこえると咳反射などで痰として排出されます。痰が増える原因としては、喫煙、感染などがありますが、慢性気管支炎などでは分泌液が増え、痰が切れなかったり、からむことになってきます。

段階食（だんかいしょく）

摂食機能に合わせた段階的な食の形態の食事のことです。

探索反射（たんさくはんしゃ）

吸綴反射（P.48）を参照

ダンピング症候群（だんぴんぐしょうこうぐん）

経腸栄養剤を使用している場合、急に栄養剤を胃腸に送ることで起こる症状です。二つの種類があり、早期ダンピング症候群と後期ダンピング症候群があります。早期ダンピング症候群は、栄養剤が急に腸に送られると浸透圧の関係で、体の水分が腸に集まり、そのために体の血液量が減少します。症状として動悸、めまいや顔面蒼白などが見られます。一方、後期ダンピング症候群は、栄養剤が急に吸収されると、高血糖になり、それを下げようとインシュリンが過剰に放出され低血糖を起こします。症状は発汗、顔面蒼白などです。対策として注入速度を遅くしたり、1回の注入量を減らしたりします。

窒息（ちっそく）

! 息が止まること。摂食の場合になぜ息が止まるのかは，図2-33を見てもらうと分かりやすいかと思います。つまり，気道を食べ物が塞ぐと息が止まるんです。みなさん，そんなこと分かってるよと思われると思いますが，何も見ないで右の図が描けますか，さらさらと描けたら合格です。描けない人は分かっているようで実はしっかりとは分かっていないんですね。このくらいの図はさらさらと描けることが必要です。

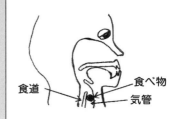

図2-33　窒息

中期食（ちゅうきしょく）

! 後期食（P.53）を参照

中心静脈栄養法（ちゅうしんじょうみゃくえいようほう）

! よくIVHといわれています。詳しくは経静脈栄養法（P.51）を参照してください。

腸瘻（ちょうろう）

! 空腸瘻チューブ（P.91）を参照

直接訓練（ちょくせつくんれん）

! 簡単にいうと，食べ物を使わない訓練が間接訓練で，食べ物を使った訓練を直接訓練といいます。直接訓練では誤嚥を防ぐために体位や食形態には気をつけないといけません。学校給食も直接訓練になります。つまり舌突出等の異常な動きが出る場合には出ないように抑制し，口唇閉鎖などの正常な動きを教えていきます。しかし，全量，直接訓練だと子どもにはストレスがかかったり，楽しく食べることができないので，ある程度の時間や量で行う方がいいと思います。

定頸（ていけい）

! 頸がすわることです。

手づかみ食べ（てづかみたべ）

!　一人で手づかみ食べができるようになるのは，生後9か月頃だといわれています。この動きは食べ物を見て手でつかみ口に入れるという協応動作なので，摂食機能の発達のみでなく，体の発達にとても重要な役割をしています。

トニックバイト

!　緊張性咬反射のことをいいます。

とろみ

!　一般的に市販されている増粘剤のことをいいます。「トロミアップ」，「スカイスルー」「つるりんこ」，「トロメイク」など，多くの会社から様々な種類の増粘剤がでています。しかし，ここで大切なことは会社によってかなり特徴があるということです。例えば，増粘剤を入れてからのとろみのつく時間の違いや量に対するとろみの度合いの違い，ダマになりにくい，味が違う，溶けやすい，唾液によりとろみがなくなるなどかなり違います。そのため新しい種類の増粘剤を使う場合には，必ずきちんと試してから使うことが大切です。例えば，以前使っていた増粘剤でちょうどよいとろみがついた量では全く粘性が無かったり，粘性が高すぎて誤嚥の原因になったりします。

呑気症（どんきしょう）

!　空気をたくさん飲み込んで，げっぷや腹痛，腹部が張った感じがする状態です。空気嚥下症ともいいます。空気を飲むことでげっぷが出ますが，このげっぷが胃食道の逆流を誘発することもあり，嘔吐の原因になったりします。摂食の時に口を開けて食べている子どもの場合には，口唇閉鎖をすると少しは症状が緩和する場合もあります。

軟口蓋（なんこうがい）

!　口蓋（P.52）を参照

軟口蓋挙上（なんこうがいきょじょう）

! 感じないと思いますが，軟口蓋は嚥下する時や息を吐く時に図2-34のように上がり，鼻腔と口腔を遮断します。このことを鼻咽腔閉鎖（P.75）ともいいます。

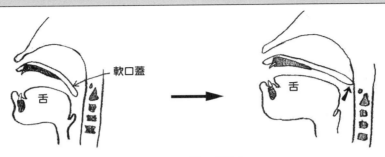

図2-34　軟口蓋挙上

軟食（なんしょく）

! 吸収，消化ができるように柔らかくした食事です。咀嚼障害や消化吸収能力が低下した場合に用いられます。

乳児嚥下（にゅうじえんげ）

! 哺乳時に見られる嚥下で，口を開けた状態で乳首をくわえたまま嚥下する動きをいいます。これは一時的なもので成長とともに消えていくのが普通です。逆嚥下と同じとしている本もありますが，厳密にいうと，健常児の乳児嚥下と逆嚥下とは舌の突出状態が違います。乳児嚥下の場合には，舌を前後方向にピストン運動させながら嚥下します。一方，脳性麻痺などの障害による舌の突出では，かなり力強く舌を前方に突出し，スムーズな前後運動はみられません。

認知期（にんちき）

! 摂食5期の先行期のことです。咽頭期（P.39）を参照

把握反射（はあくはんしゃ）

! 原始反射の一つで，図2-35のように手のひらにものが触れると握ろうと指を曲げます。実はこのことは足の裏にもあり，足底を押すと足の指が足の裏の方に曲がります。手の把握反射は3〜4ヶ月になくなるといわれています。

図2-35　把握反射

背部叩打法（はいぶこうだほう）

!　異物による窒息に対する救急処置法の一つです。一般的にはハイムリック法が有名ですが，肢体不自由児の場合には，普通，背部叩打法をもちいます。図2-36のように頭を胸よりも下にし，胸を支えながら背中を数回たたいて異物を吐かせます。大きな子どもの場合には，右図のように側臥位にして背中をたたくことになります。

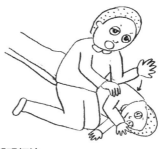

図2-36　背部叩打法

ハイムリック法（はいむりっくほう）

!　上腹部圧迫法ともいいます。気道に食べ物などが詰まった時に吐き出させる方法として有名です。図2-37のように食べ物を詰まらせた子どもの後ろへまわり，片手の握りこぶしをみぞおちに当て，もう一方の手でそのこぶしを握り，腹部を圧迫するように押し上げます。この動作を繰り返しながら異物を吐き出させます。この方法は誰にでもできるわけではなく，乳児や妊婦，意識のない人には行ってはいけません。障害の重い肢体不自由児の場合にも行うことはありません。特別支援学校では知的障害の元気な子どもが対象でしょう。

図2-37　ハイムリック法

バギング

　アンビューバッグ（P.82参照）を利用して強制的に酸素を送り込む人工呼吸の方法です。

パルスオキシメーター

! pulse oximeter は日本語では，脈拍・酸素濃度計です。写真2-11のように指先に装着し，脈拍数と酸素飽和度（SpO2）を測る機器です。この機器は，肢体不自由の特別支援学校では必需品で，摂食時に装着し摂食の状態を観察したり，ポジショニングを装着しながら行うことで呼吸状態の良い姿勢を確認できます。また，脈拍も測れるので，緊張状態もある程度捉えることが可能です。

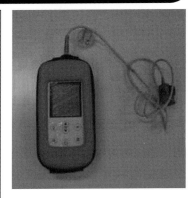

写真2-11 パルスオキシメーター

バンゲード法（ばんげーどほう）

! デンマークのバンゲード小児病院で開発された筋刺激訓練です。日本に紹介したのは当時，昭和大学歯学部口腔衛生学教室の金子芳洋教授です。小児の摂食の間接訓練にはよく使われます。やり方はインターネットですぐに出てくるので，覚えておくと便利です。ただ，子どもによっては口の中に指を入れたりできない子どももいるので，子どもの実態に合わせて変えていく必要があります。

半固形化（はんこけいか）

! この名前からするとペースト食のことかなと思いますが，実は経腸栄養剤（エンシュアーリキッドやラコールなど）に少しとろみをつけた状態にすることをいいます。液体状の経腸栄養剤では，図2-38のように胃食道逆流，胃瘻からの漏れ，下痢などが起こりやすいリスクがあるのですが，それを半固形化することで防ぎます。

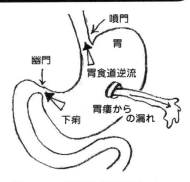

図2-38 経腸栄養剤のリスク

鼻咽腔閉鎖（びいんくうへいさ）

鼻咽腔は軟口蓋が上がること（軟口蓋挙上：P.72 参照）で閉まります。これを鼻咽腔閉鎖といいます。ここがふさがらないとどうなるのでしょうか。まず，おしゃべりするときに口の中に空気を保つことができず，鼻に漏れてしまい，聞きにくく，はっきりと分からない言葉になります。よくあるのは「だ」，「ば」がそれぞれ「な」，「ま」となります。また，摂食時は食べ物が鼻の方へ漏れてくることになります。このように漏れる状態を鼻咽腔閉鎖不全といいます。

ビオチン

亜鉛と同じように，経腸栄養剤を長期間使うことにより，ビオチンの欠乏も報告されています。ビオチンが欠乏すると皮膚炎や脱毛などの症状が出るといわれています。

鼻腔（びくう）

鼻の穴から咽頭につながるまでの場所です。

鼻呼吸（びこきゅう）

文字通り鼻で息をすることです。簡単なことですが，これができない子どもが意外に多いのです。鼻炎を持っている子はよく口呼吸をしています。この鼻呼吸ができないと摂食・嚥下はなかなか上手になりません。当たり前のことですが，口呼吸の子どもは長い時間の口唇閉鎖は嫌がります。つまり咀嚼や嚥下の途中で口を開けてしまうことになります。また，摂食しながら口呼吸をすると誤嚥の原因になることは想像つきますよね。私たちも風邪で完全に鼻が詰まった時，食べるのが大変だとおもいませんか。つまり，摂食の基礎はまず鼻呼吸なんですね。鼻呼吸をしているかどうかをすぐに調べる方法は，図 2-39 のように口唇を閉じて，鼻にティシュペーパーを当て空気の出入りを確認します。鼻呼吸できていないようなら，原因を取り除くことが大切です。もし，鼻炎等があれば，ぜひ保護者と話し合って，耳鼻咽喉科に行ってもらいましょう。意外と鼻呼吸の大切さはあまり理解されていないので，鼻炎ぐらいと思い病院へ行っていない子どもも少なくありません。摂食につながることを理解してもらうと通院される場合があるので，そのこ

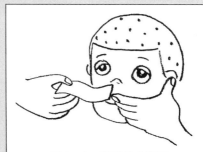

図 2-39 鼻呼吸の確認

とを強調しながら話すことが大切です。もし，鼻の機能に問題がないなら鼻呼吸の練習を始めてください。練習は，口唇を閉鎖した状態を苦しくない程度に，少しずつ長くしていきます。この時，口周りに過敏がある人は口唇を閉鎖することを嫌がるので，脱感作（P.68参照）も並行して行ってください。鼻呼吸は案外忘れている人が多いので，長々と述べました。

表情筋（ひょうじょうきん）

顔の表情を作る筋です。図2-40のように，顔にはたくさんの筋肉があり，喜怒哀楽の表情をつくっています。その働きには，食べる・飲む・しゃべる・吹くなどもあります。美貌を大切にする人には，これらの筋はとても大切です。この中で口輪筋だけは覚えておきましょう。

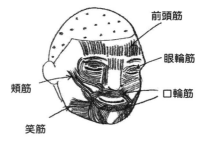

図2-40　表情筋

フードテスト

嚥下の評価のために行う嚥下機能テストの一つです。プリンや粥などを食べてもらい，むせ，嚥下の状態等を観察し評価します。

プレスピーチ

用語の意味は話の前段階ですが，一般的には摂食のことをいう場合が多いです。

噴門形成術（ふんもんけいせいじゅつ）

胃食道逆流防止手術（P.83）を参照

偏食（へんしょく）

好き嫌いのことです。そのため栄養の偏りの原因になります。

捕食（ほしょく）

口唇による食べ物の取り込みのことです。この捕食の時，口唇や前歯の歯根膜にある圧受容器から脳に触・圧感覚が送られて，食べ物の硬さや大きさなどを感知するといわれています。

哺乳期（ほにゅうき）

乳を主食としている時期で，離乳するまでの期間をいいます。

ホワイトアウト

嚥下内視鏡検査（VE）では嚥下する瞬間に画面が白く光り観察することはできません。この白く光った状態をいいます。

前吸引（まえきゅういん）

「ぜんきゅういん」とも読みます。この吸引は痰を気管や口腔内から引く吸引ではありません。経腸栄養剤を注入する前に，胃の内容物を調べるために注射器で吸引することです。注射器の中に胃の内容物が出てきますが，この内容物で消化機能の状態を調べることができます。例えば多量の胃残物，多量の空気，褐色の胃残物など，前吸引で胃の状態を確認していきます。こんなときには，注入量を減らす，注入の内容を変更する，注入を中止するなど，その時の内容物により，対応を主治医ときちんと決めておかないといけません。また，吸引した内容物をどうするのかも決めておく必要があります。また，空気がたくさん引けることもあるかと思います。考えられることは，空気嚥下が多い，噴門形成術でげっぷが出しにくくなっている，胃軸捻転などがありげっぷがたまりやすいなどが挙げられます。どちらにせよ，胃の中に空気がたくさん入っていると，嘔吐の原因になったり，呼吸が苦しくなったりします。ですから，前吸引でできるだけ空気は引くことが大切です。

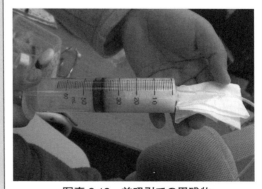

写真 2-12　前吸引での胃残物

丸飲み（まるのみ）

> 咀嚼機能ができていない場合にはどうしても丸飲みになります。例えばマンチングの状態では丸飲みになります。しかし，丸飲みは，摂食機能だけの問題ではないため，知的障害の子にも多く見られます。知的障害の場合の摂食指導は，ADL（日常生活動作）を身につけることを中心にしている場合が多いようです。そのため，口腔内の摂食機能がまだ発達していない時期から，自食を指導していく場合も少なくありません。その結果，こぼさないように食べることや残さないように食べることが強調され，子どもはこぼさないようにするために，口腔内の奥に食べ物を入れる傾向が強くなったり，嫌いなものは味わうことなく噛まずに飲みこんだりします。そのようなことが重なり，丸飲みの癖がついてきます。そのため，自食の指導は，ある程度，摂食機能の発達段階を考えながら行うことも大切です。

マンチング

> 乳児の咀嚼機能の発達として，咬反射（P.57参照）の後に出てくる動きで，顎の上下運動と舌の前後または上下運動を行う動きです。この動きは後に咀嚼に発達していきます。咀嚼との違いは舌の側方運動がみられません。つまり，マンチングでは食べ物を臼歯に移動させることができません。

ミキサー食（みきさーしょく）

> 食べ物をミキサーにかけ，粒がないようにした食物の形態です。

未熟児（みじゅくじ）

> 昔は，体重2500g未満の子どもを未熟児とよんでいましたが，現在では，低出生体重児とよんでいます。というのは出生体重が2500g未満でも在胎週数が長い場合があるためです。ですから，早産による体重2500g未満の新生児が未熟児になります。現在は，未熟児という言葉は出生体重や在胎週数に関わらず，身体的に十分に成熟していない子どもをよんでいる場合が多いようです。

指しゃぶり（ゆびしゃぶり）

> 子どもが親指や人差し指，中指を口の中に入れる動作です。この動作は胎児から見られ，頻繁になるのは生後3か月頃からで，終わるのは3歳頃だとされています。発達段階で出現する指しゃぶりは，口の感覚機能を高めたり，手と口の協応動作を発達させます。そのため，指しゃぶりのできない肢体不自由児では，口腔内に

過敏が残る可能性があるといわれています。学校でも指しゃぶりをする子を見かけるかと思います。指しゃぶりが起こす害として上の前歯が出てきたり下の前歯が奥に入ってきたりします。しかし，一般的にはこのような害は生命を脅かすようなことではないので，神経質にならずに見守っていてもよいとされています。むしろ，指しゃぶりを引き起こしている原因を探ることが大切でしょう。

横向き嚥下（よこむきえんげ）

これは，後で出てくる梨状窩と大きく関係します。首を回旋させたり傾けたまま嚥下すると梨状窩に残留した食塊が流れやすくなります。理由は，図2-41を見てもらうと分かりやすいかと思います。図のように，右に頸を傾けてゴックンすると左側に残ったものが流れ，逆に左に頸を傾けてゴックンすると右に残留したものが流れます。

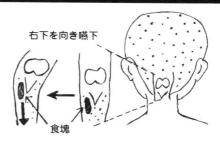

図2-41　横向き嚥下

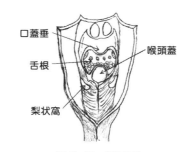

図2-42　梨状窩

梨状窩（りじょうか）

梨状陥凹（りじょうかんおう）ともいいます。上記の横向き嚥下で出てきましたが，嚥下力が弱いとどうしても嚥下後に食塊が残りやすい箇所として，喉頭蓋谷とともに有名な箇所が梨状窩（図2-42）です。でも，身体を左右に分ける面（矢状面）では分かりにくい箇所なので理解しにくいかもしれません。ですから，体を前後に分ける面（冠状面）と見比べながら確認していかないといけませんね。

離乳（りにゅう）

乳児に徐々に固形食を与えて乳以外の食物に変わっていくこと。この時期を離乳期といいます。

流涎（りゅうぜん）

「りゅうえん」，「りゅうせん」とも読みます。一般的には，「りゅうえん」といいますが，医学用語としては「りゅうぜん」が正しいようです。よだれを流すことです。

第3章

医療的ケア

第3章 医療的ケア

アシドーシス

> アルカローシスと一緒に覚えましょう。酸とアルカリのバランスが崩れて血液が酸性に傾くことがアシドーシスで，アルカリ性に傾くことがアルカローシスといいます。

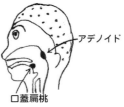

図3-1　アデノイド

アデノイド

> 図3-1のように，鼻の奥でのどちんこの裏にあります。よく小児の鼻づまりに関係しています。一方，扁桃腺とは口蓋扁桃のことで，のどちんこの両脇にあります。

アレルギー

> 体外からの異物（細菌やウイルス）を防いだりする免疫反応が過剰に反応することです。その原因になるものをアレルゲンと呼びます。花粉や食べ物（卵や牛乳など）などが有名です。

アンビューバッグ

> 写真3-1のように，口と鼻から他動的に空気を入れ込むための医療機器で，救急現場で幅広く用いられています。正式名称はバッグバルブマスクといいます。ドイツのアンビュー社の製品が有名なので，アンビューバッグと呼ばれるそうです。

写真3-1　アンビューバッグ

胃軸捻転（いじくねんてん）

> 胃の異常な回転や捻れによって起こります。図3-2のように，回転する軸によって長軸捻転と短軸捻転に分けられます。症状として嘔吐，腹部の膨満感があります。

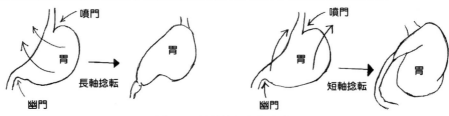

図3-2　胃軸捻転のタイプ

胃食道逆流症（いしょくどうぎゃくりゅうしょう）

> 胃液と食物が食道に逆流する症状で，嘔吐する子もいますが嘔吐までいかない子もいます。逆流した物が気管に入り，誤嚥することがあるので要注意です。特に胃液は強い酸性なので，誤嚥すると肺炎を起こす可能性が強くなります。よくGERD（Gastroesophageal Reflux Disease）とも呼ばれます。成人と一緒で，胸やけやのどの違和感などもあるので，機嫌の悪くなる子どももいます。

胃食道逆流防止手術：噴門形成術（いしょくどうぎゃくりゅうぼうししゅじゅつ：ふんもんけいせいじゅつ）

噴門とは胃の入り口です。この噴門には，食道の方へ胃の内容物が逆流しないような機能があります。ところがこの機能がうまく働かない子どもの場合には，胃の内容物が食道や口まで逆流していきます。これを胃食道逆流症といいます。これがひどい子どもでは，胃食道逆流防止手術（噴門形成術）を行います。図3-3のように，胃底部を食道の周りに巻きつける手術です。これはNissen手術ともいわれています。これによって，胃からの逆流を抑えます。胃瘻の形成と一緒に行われることがあります。

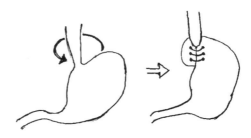

図3-3　噴門形成術

イルリガートル

胃瘻や経管栄養のとき，写真3-2のように経腸栄養剤（ラコールやエンシュアリキッド等）を入れて下げておく容器です。

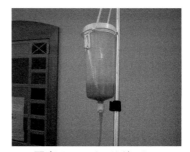

写真3-2　イルリガートル

イレウス

腸閉塞ともいいます。いろいろな原因により腸の通過障害が出た状態です。

胃瘻（いろう）

口から食事のとれない子どもや，食べると気管に入り肺炎を起こす子どもに，図3-4のように胃に穴を開け，直接栄養を入れる栄養投与の方法です。それにより，取りつけられた器具を「胃瘻カテーテル」といいます。主に経腸栄養剤（ラコールやエンシュアリキッド

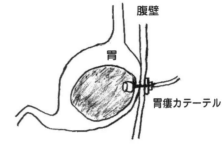

図3-4　胃瘻

等）が用いられます。この胃瘻を内視鏡を使ってつくる手術を，内視鏡的胃瘻造設術（PEG：ペグ）といいます。瘻とは普通は存在しない穴のことです。胃瘻の他に腸瘻，膀胱瘻などがあります。

エアウェイ

舌根沈下（舌のつけ根が下がって，呼吸の流れを止める状態）などの原因で呼吸状態が悪くなったとき，図3-5のように鼻からのどまでチューブを入れることで空気の通り道を作ることです。常に入れている子どももいますが，睡眠時だけの子どももいます。うまく合うと呼吸の改善だけでなく，睡眠の安定，精神の安定，体重の増加などの効果がみられます。しかし，このチューブがストレスとなり，強い拒否の見られる子は緊張が強くなる場合もあります。そのためすべての子どもに適用できるというわけではありません。

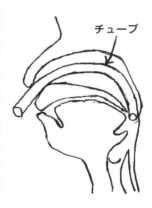

図3-5　エアウェイ

壊死（えし）

体の組織や細胞の一部分が死ぬことです。原因として火傷や血流障害があります。

咳嗽反射（がいそうはんしゃ）

> 咳反射のことです。気管粘膜に刺激や異物が入ると咳をする反射です。これは気管にある異物（痰やほこり等）をはき出すために起こる反射なので、からだにとって大切な反射です。中枢は延髄にあるといわれています。

下顎後退（かがくこうたい）

> 図3-6のように下顎が矢印の方へ行く場合を下顎後退といいます。この状態がひどくなると、気道が狭くなり、呼吸障害になります。脳性麻痺の子どもで緊張が強い場合には下顎が後退する場合があります。

図 3-6　下顎後退

下顎呼吸（かがくこきゅう）

> 息を吸うときにあごを上に上げたり下げたりして息をする呼吸です。しばしば不規則な動きになります。

過期産児（かきさんじ）

> 在胎月齢が42週（294日）を超えた場合に過期産児といいます。

下気道（かきどう）

> 図3-7のように気管、気管支、肺の部分をまとめて下気道といいます。一方、上気道（じょうきどう）とは鼻腔、咽頭、喉頭の部分です。

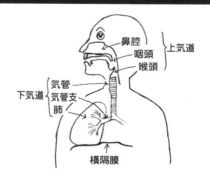

図 3-7　下気道

ガス交換（がすこうかん）

> 肺で酸素を取り入れ，二酸化炭素を出すことをガス交換といいます。一般的に呼吸と同じ意味と考えていいです。

カテーテル

> 膀胱，食道，胃などに入れて内容物の排出や薬の注入を行う管のことです。

カニューレ

> 傷口や気管などに挿入する管のことをいい，薬や空気の注入などに用います。同じような言葉にカテーテルという言葉があります。では，カニューレとカテーテルとはどこが違うのでしょうか。カニューレやカテーテルは医療用チューブの総称をいいます。同じようなものにチューブ，カニューレ，カテーテルがあり，それらは挿入部位，目的，長さ，太さ，素材などが違います。よく出てくる用語だけ覚えておけばいいと思います。
> 気管切開の時に挿入する短い管は気管カニューレといいます。また，鼻カニューレは酸素を供給するために鼻に挿入するものです。
> 鼻腔栄養チューブは経管栄養で栄養を胃に送るために鼻に挿入するチューブです。吸引の場合には，吸引カテーテルといったり，吸引チューブといったりします。
> 膀胱内の尿を出すための間欠導尿（P.88参照）用カテーテルとそのまま留置しておくバルンカテーテルがあります。バルンは風船の意味です。
> もう一つ「ドレーン」という用語があります。これは，体内にたまった必要のないもの（血液や分泌液など）を体外に出す目的の管です。特に何センチ以上がカテーテルで，何センチ以下がカニューレなどという厳密な区別はありません。アイテムごとに慣習で使い分けしています。

カフ

図3-8のようにカニューレの先についている小さな風船のようなものです。空気を入れてふくらますと気管をふさぐようになり、食物が肺に入るのを防いだり、人工呼吸器から送られる空気のもれを防止したりします。小児の場合、カフがついてない場合が多いようです。

図3-8　カフ

カフアシスト

排痰の補助を行う機器です。カフマシーンともいいます。筋ジストロフィー、SMA（脊髄性筋萎縮症）などの神経筋疾患の子どもに使用することが多いようです。咳をする力が弱くなったことで痰をなかなか出せなくなっている場合に活用します。カフアシストの仕組みは、空気によって肺を膨らませ、その後、瞬間的に吸引することで肺から空気を引き出し、咳の介助をします。排痰がしっかり行えるので、肺炎などの予防につながります。カフ（cough＝咳）アシスト（assist＝介助する）なので咳介助ですね。

カプノメーター

血中の二酸化炭素の量を知るために、息に含まれる二酸化炭素濃度を測定する機器です。血中の二酸化炭素量は、パルスオキシメーターで図る動脈血酸素飽和度（SpO2）と同様に重要なバイタルサインになります。よく、酸素濃度だけ測って安心していると、炭酸ガスをはき出すことができず二酸化炭素がたまっていること（高炭酸ガス血症といいます）があります。その状態では顔面が紅潮するので顔色はいいのです。障害の重い子どもの場合には、血中の酸素の量だけでなく二酸化炭素の量も考えておくことが重要です。

間欠導尿（かんけつどうにょう）

> 導尿とは，カテーテルを尿道や膀胱に入れ，尿を体外に出すことです。学校では医療的ケアとして行われます。一方，間欠とは一定時間を隔ててということです。つまり，膀胱にたまった尿を一定の時間ごとに尿道口からカテーテルを入れて体の外に出す方法のことです。二分脊椎などの病気で，尿の出が悪くなり尿が膀胱にたまったままになることがあります。この状態は尿路感染症や腎臓を悪くする原因になるので，間欠導尿を行います。知的に正常であれば導尿を自分で行う自己導尿をめざせます。

陥没呼吸（かんぼつこきゅう）

> 図3-9のように息を吸い込むとき胸の一部がへこむ呼吸です。のどの下や鎖骨の上が引き込まれます。ひどくなると肋骨と肋骨の間も陥没することもあります。原因は上気道が詰まっているためです。

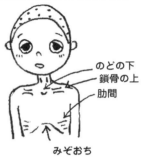

図3-9　陥没呼吸

奇異呼吸（きいこきゅう）

> シーソー呼吸ともいいます。吸気時に胸郭がへこみ，腹部がふくらみます。呼気時には逆になります。通常の呼吸と反対の胸郭の動きになりますね。

気管支拡張剤（きかんしかくちょうざい）

> 気管支の平滑筋を弛緩させ気道を広げます。内服薬や吸入で用いる薬もあります。

気管支喘息（きかんしぜんそく）

> 気管支を取り囲む筋肉が収縮し，気管支の内側の粘膜がむくむことで気道が狭くなります。さらに痰などの分泌物が詰まることで呼吸困難になる状態です。症状は，明け方にでやすく，昼間にはほとんど見られないのが普通です。発作時にはゼーゼーという喘鳴（P.103参照）があります。

気管切開 (きかんせっかい)

 写真 3-3 のように気管と皮膚を切開してその部分から気管にカニューレ (P.86 参照) を入れ, 気道確保する方法をいいます。

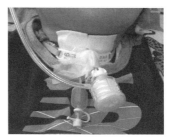

写真 3-3　気管切開とカニューレ

気管軟化症 (きかんなんかしょう)

 先天的に気管が柔らかいために呼吸のたびに気管が変形して狭くなり, 呼吸困難をきたす症状をいいます。

気道 (きどう)

 口や鼻から空気が肺に入るまでの通路です。口, 鼻孔, 咽頭, 喉頭, 気管, 気管支の順です。

気道狭窄 (きどうきょうさく)

 いろいろな原因で気道の一部が狭くなった状態です。箇所により, 上気道狭窄, 下気道狭窄に分けられます。

気道クリアランス (きどうくりあらんす)

 気道から痰などの不要物を排泄し, きれいにする能力ことです。

吸引 (きゅういん)

 口腔内, 鼻腔, のど, 気管などにある痰などの分泌物を, 写真 3-4 のような吸引器などを利用して吸い取ることです。医療的ケアの一つになります。

写真 3-4　吸引器

吸入（きゅうにゅう）

気体や霧状にした水分や薬を口などから吸い込み，気管支や肺に作用させることです。内服した場合よりも少量で早く効果が出ます。気管支の収縮を抑制し，気管支を拡げ，呼吸を楽にします。薬としては，気管支拡張剤（P.88参照），去痰剤（P.90参照），抗アレルギー剤などを使用します。その場合，写真3-5のようなネブライザーという液体の薬を霧状にして吹き出す機器を使います。

写真3-5　ネブライザー

胸郭変形・扁平（きょうかくへんけい・へんぺい）

気道狭窄などの原因で胸郭に陰圧がかかり続けると，胸郭が変形したり扁平化したりしてきます。子どもによっては漏斗胸（ろうときょう）といい写真3-6のように胸郭がへこんだ状態になった胸や，逆に飛び出した「はと胸」になっている場合もあります。

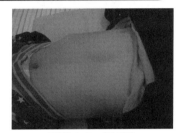

写真3-6　漏斗胸

去痰剤（きょたんざい）

気管や気管支にたまっている痰を出しやすくする薬です。子どもたちがよく使っている有名な去痰剤としてムコダインがあります。

緊張性迷路反射（きんちょうせいめいろはんしゃ）

この反射では，うつぶせの姿勢では体の前の緊張が強くなり体と手足が曲がって丸くなる格好になります。一方，仰向けになると体と手足が伸びる姿勢になります。これは身体に対する重力の方向に影響を受けているといわれています。Tonic Labyrinthine Reflex の略として TLR といわれています。

空腸チューブ（くうちょうちゅーぶ）

空腸とは，図 3-10 のように十二指腸に続く小腸の前半部分をいい，後半部分を回腸といいます。つまり，空腸に留置したチューブが空腸チューブです。

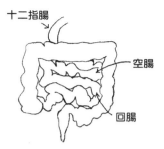

図 3-10　空腸の位置

空腸瘻チューブ（くうちょうろうちゅーぶ）

瘻ですから穴を開けたことになります。つまり，胃瘻と同じように体の外からお腹に穴を開け，空腸内に挿入してお腹に固定したチューブをいいます。

クッションチェア

クッションチェアといってもいろいろなものがありますが，特別支援学校では一般的に写真 3-7 のようなタイプが多いようです。これは長崎県の無限工房から販売されています。

写真 3-7　クッションチェア

軽打法（けいだほう）

排痰方法の一つです。写真 3-8 のように卵を握るように手をカップ状にし，軽くたたく方法です。うまくいくとパカ，パカと音が出て，痛みのない心地良さを与えることができます。効果としては，気管支に付着した痰をはがして排痰を促します。カッピングまたは，パーカッションとも呼ばれます。また，振動を与えて痰をはがす方法は振動法と呼びます。

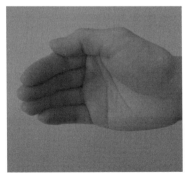

写真 3-8　カッピング

頸椎カラー（けいついからー）

! 下顎保持を行うことで呼吸状態をよくする下顎保持具です。本来は整形外科で頸椎障害に使用します。会社により，カラーキーパー，ヘッドマスターカラーなどといいます。また，造形遊具である自遊自在（日本化線株式会社）を写真3-9のようにうまく使うと，下顎を持ち上げ舌根沈下を防ぐことができます。

写真3-9　自遊自在の活用

経鼻空腸チューブ（けいびくうちょうちゅーぶ）

! 図3-11のように鼻孔から食道→胃→十二指腸を経て空腸に挿入したチューブです。

血中酸素飽和度（けっちゅうさんそほうわど）

! ガス交換が肺で行われた直後は酸素飽和度は100％ですが，血液が循環するにつれて低下し，指先では95〜97％程度になります。これを血中酸素飽和度といいます。この血中酸素飽和度を指で測る装置がパルスオキシメーターになります。呼吸状態が簡単に分かる方法です。

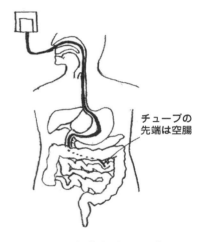

チューブの先端は空腸

図3-11　経鼻空腸チューブ

この方法は，あくまでも皮膚を通して測るので，経皮的動脈血酸素飽和度（SpO2）といいます。この時のSはSaturation（飽和），PはPulse（脈）です。一方，動脈血酸素飽和度（SaO2）は動脈血を採血し，その血液から直接，酸素飽和度を測定する方法です。この時のSはSaturation（飽和），aはartery（動脈）の略です。

拘束性呼吸障害（こうそくせいこきゅうしょうがい）

> 胸郭変形などで胸郭や横隔膜の動きが制限されることにより，肺活量が低下したことをいいます。また，神経筋の疾患などの場合には，呼吸筋力の低下も原因になります。

高炭酸ガス血症（こうたんさんがすけっしょう）

> 二酸化炭素を十分に排出できずに，体の中の二酸化炭素の濃度が高くなった状態をいいます。症状として，頭痛，めまい，発汗，高血圧などの症状が出てきます。意識が低下し，昏睡状態になる場合を炭酸ガスナルコーシスといいます。この状態になると，呼吸中枢が働きにくくなるためにより高炭酸ガス血症や炭酸ガスナルコーシスになりやすくなり，悪循環が続く場合があります。この高炭酸ガス血症はあくまでも二酸化炭素の濃度なので，パルスオキシメーターで酸素飽和度が90％台でもかかっている場合があります。しかも，チアノーゼが出ないので外見からは分かりません。むしろ，末梢血管が開くので顔色は良くなります。心拍の増加や眠っているような状態（傾眠）になっている場合は要注意です。重度な呼吸障害の子どもがいる場合には，金額は高いけれど，なるべくカプノメーター（P.87参照）を備えておくことが必要です。

喉頭気管軟化症（こうとうきかんなんかしょう）

> 喉頭や気管はふつう硬い軟骨で形成されています。しかし，この作りが柔らかい場合には，努力呼吸などにより，喉頭や気管の構造が崩れます。そのため，その崩れた構造で気道を狭めることになります。その結果，喘鳴(ぜんめい)やひどいときには呼吸困難が起こります。崩れた箇所により，喉頭軟化症，気管軟化症，気管支軟化症などと分けています。

喉頭気管分離術（こうとうきかんぶんりじゅつ）

> ！ 図 3-12 では気管切開のみと気管切開＋喉頭気管分離術を行った場合を比較して，気道の状態を示してあります。図 3-12 の右図のように喉頭気管分離術を行うと，食物や唾液が気管に入らないため，誤嚥による肺炎を減らすことが可能になります。誤嚥による肺炎を繰り返す障害の重度な子どもでは行っている場合があります。

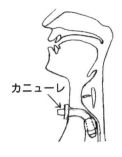

図 3-12 気管切開と喉頭気管分離術の関係

喉頭摘出術（こうとうてきしゅつじゅつ）

> ！ 図 3-13 のように喉頭部分を取り去る手術です。その結果，誤嚥の怖れがなくなり，誤嚥性肺炎を起こすことがありません。実際には喉頭がんに対する方法として行われることが多いようです。

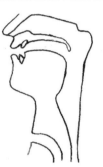

図 3-13 摘出術後

呼気（こき）

> ！ 吐く息です。

呼吸介助法（こきゅうかいじょほう）

> ！ 難しい技術なので，かなり慣れた人が行わないと危ない面があります。図 3-14 のように手を胸を包み込むように置き，胸郭運動に合わせて呼気時に押します。つまり，他動的に胸郭を動かし，呼気量を増やします。呼気量が増えると自然と吸気量は増えることになります。

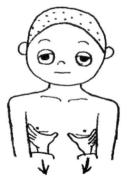

図 3-14 呼吸介助法

呼吸筋（こきゅうきん）

呼吸筋は呼吸を行う筋肉で，呼吸をするときの胸郭の拡大，収縮を行います。吸気は普通，横隔膜の収縮によって行われますが，外肋間筋（がいろっかんきん）も使われます。呼気には内肋間筋（ないろっかんきん）や補助的に働く呼吸補助筋が使われます。呼吸運動は吸気と呼気で成り立っていて，吸気は，外肋間筋や横隔膜（おうかくまく）の収縮により胸郭が大きくなることで肺や気道に空気を入れます。でも，なぜ筋肉が縮むのに胸郭が大きくなるか不思議だと思いませんか。まず，横隔膜と肺は図3-15のような関係があります。横隔膜が縮むことにより，胸郭が広がり肺が膨らみます。これは分かりやすいと思います。では，外肋間筋はどうでしょう。名前が肋間なので，肋骨の間を狭めたり広げたりするような気がしますが，実は肋骨を上げる働きをしています。図3-16のように，収縮するとスライドしながら肋骨が上がります。そのため，胸郭が大きくなる仕組みです。呼気では，主に内肋間筋がスライドしながら肋骨を下げます。だから，胸郭は小さくなり，息が吐き出される仕組みになっています。つまり，斜めに肋間筋はついているという点がポイントなんですね。

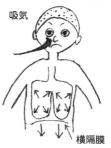

図3-15 横隔膜と肺の関係

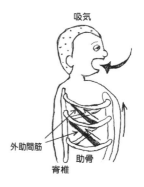

コンプライアンス

難しいですが，柔らかさや硬さを表す用語と思ってもらうといいかと思います。拘束性肺疾患のように肺が硬くなり弾力性が落ちた場合は，肺のコンプライアンスが低下したということになります。

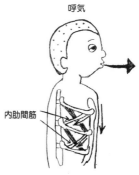

図3-16
肋間筋と呼吸運動の関係

在宅酸素療法（ざいたくさんそりょうほう）

! Home Oxygen Therapy の頭文字をとってHOT（ほっと）と呼ばれます。慢性の呼吸不全で一ヶ月以上病態が安定していることが条件です。つまり、以前は慢性気管支炎など自然な状態では肺機能の状態が悪く、慢性呼吸不全を起こしていた人も、今は定期的に通院しながら、自宅で機器を使い、酸素の吸入を行うことで日常生活を送れる場合が増えてきました。このことを在宅酸素療法といいます。家庭で使える機器が増えたことで最近急速に広まっています。

坐薬挿入（ざやくそうにゅう）

! 厚労省は、血圧測定、薬の服薬介助、浣腸などとともに平成17年7月に「医療行為」にはあたらないとしています。

酸素療法（さんそりょうほう）

! パルスオキシメーターで測るSpO_2（経皮的動脈血酸素飽和度）やSaO_2（動脈血酸素飽和度）の値が低い場合、つまり、体の酸素の量が少ない場合、体に酸素を入れてやる必要があります。このように酸素を投与することを酸素療法といいます。では、人工呼吸と酸素療法はどう違うのでしょうか。

人工呼吸とは、後ほど出てきますが、酸素を含む含まないは抜きにして、文字通り人工的に呼吸させることです。一方、酸素療法は、酸素を吸入しているのですが、吸ったり吐いたりは本人がします。より具体的には、全身麻酔時の呼吸ができないときに強制的に圧を加えて呼吸をさせます。これは人工呼吸です。一方、酸素療法は、自力で呼吸はできるけど酸素が体にあまり含まれない場合に行います。例えば喘息や慢性の肺疾患などの場合です。

次に、図3-17のような鼻カニューレとフェイスマスクの違いについて考えてみましょう。学校でも鼻カニューレをしている子どもとフェイスマスクをしている子どもがいるかもしれません。どのような違いがあるのでしょうか。当たり前ですが、鼻カニューレの場合、会話や食事はできますが、フェイスマス

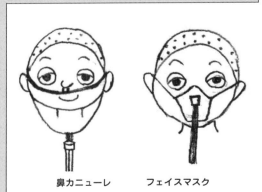

図3-17 鼻カニューレとフェイスマスク

クではできません。また，鼻が詰まっている場合や口で呼吸をしている子どもには鼻カニューレは適しません。一方，フェイスマスクの場合，マスク内に吐いた息がたまることもあります。つまり，どんどん二酸化炭素の濃度が上がってきます。要するに PaCO2（炭酸ガス分圧：P.105 参照）といわれる値が上昇する可能性があります。そのため，5ℓ／分以上で使用するのが望ましいとされていて，あまり酸素を入れる必要のない子どもには適しません。

死腔（しくう）

図 3-18 のように肺で血液とのガス交換が行われる場合に，どうしてもガス交換の行われない部位が出てきます。具体的には口腔，鼻腔，気管，気管支などはガス交換は行わないので，これらの部分の容積の約 150㎖を死腔と呼びます。深い呼吸で1回息を行うのと2回の浅い呼吸で同じ量のガス交換を行った場合，浅い呼吸の場合には死腔の量が2倍になるので，深い呼吸の方がガス交換は効率がいいことになります。

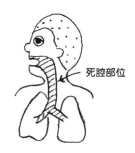

図 3-18　死腔部位

自己（事故）抜去（じこばっきょ）

気管カニューレを意図的に抜く場合は抜去ですが，何らかの原因で抜けてしまった場合には自己（事故）抜去になります。特別支援学校は自己（事故）抜去に要注意です。もちろん，抜けないことがいちばんですが，もし学校では抜けた場合にはどのように対応するのか緊急の対策方法をしっかりと決め，日頃から模擬訓練を行っておく必要があります。

持続的気道陽圧（じぞくてききどうようあつ）

CPAP（Continuous Positive Airway Pressure）とも呼ばれます。鼻に装着したマスクから空気を送りこむことによって，圧力を気道にかける方法のことをいいます。睡眠時無呼吸症候群という言葉を聞いたことがあると思いますが，この病気の最も有効な治療法です。この病気は，吸気の時に息を吸い込む圧で舌根などを引き込むために，図 3-19 の左図のように気道が閉塞し音がし始め，呼吸に障害が出る病気です。その音がいびきですね。この状態がひどくなると，完全に気道がふさがり無呼吸になってしまいます。このような状態を睡眠時無呼吸症候群（厳密には，10 秒以上の無呼吸が何回以上などの規定がある）といいます。こ

れを防ぐために，空気で圧をかけて，つまり陽圧をかけて気道を確保します（図3-19 右図）。もちろん，息を吐くときにも気道に一定の圧をかけて気道が狭くならないようにします。こうすることで呼吸をすることができるようになります。またBIPAP（Biphasic Positive Airway Pressure：二相性陽圧呼吸）と呼ばれる，息を吸うときには，大きな圧で，息を吐くときには低い圧の二つの圧を設定できる人工呼吸器があります。BiPAPのように，[I]が小文字の[i]になっているものは，フィリップス・レスピロニクス合同会社が出している人工呼吸器の商品名です。特別支援学校で，気管切開をせずにフェイスマスクを使い空気を送り込んでいるのを見る場合があります。筋ジストロフィー，脊髄性筋萎縮症や脊椎側弯症などの場合，一般に非侵襲的陽圧換気法（Non-Invasive Positive Pressure Ventilation；NIPPV, NPPV）と呼ばれる方法がよく使われています。この非侵襲的というのは気管切開や気管挿管せずにということです。NIPPV, CPAP, BIPAPやBiPAPなどの似たような言葉がたくさん出てきたのでおさらいをしましょう。まず，NIPPVとはNon-Invasive Positive Pressure Ventilationのことで，非侵襲的に圧をかけることでした。非侵襲的なこと，つまり気管切開や気管挿管をせずにということになります。具体的には，顔にマスクを装着し気道内に圧をかけます。CPAPは持続的に圧を気道にかけることでしたね。その方法として，圧が二相に変わるBIPAPがあるということです。最後のBiPAPとはなんだっけ。BiPAPとは人工呼吸器の商品名でした。では，CPAPやBIPAPがNIPPVに含まれるのかというとそうではありません。というのは，気管切開や気管挿管してCPAPやBIPAPにすることもあるからです。つまり侵襲的なこともあるということです。

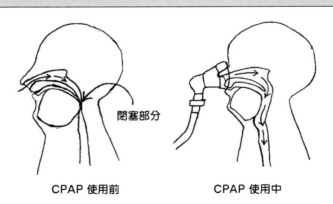

図3-19　CPAPの効果

シーソー呼吸（しーそーこきゅう）

奇異呼吸（P.88）を参照

ジャクソンリース

図3-20のように，管に楕円形の形をした袋のバッグがついていて，マスクとつながっている側と反対側に余分な気体が出て行く管がついています。また，管のマスクのすぐ近くに麻酔ガスや酸素を送り込むチューブが横からつながっている形のものです。似たようなものにアンビューバッグ（P.82参照）がありましたが，どこが違うのでしょうか。大きな違いは，自分で膨らむか膨らまないかという点です。アンビューバッグは自分で勝手に膨らむような構造になってます。一方，ジャクソンリースのバッグは，酸素と患者の呼気で膨らみます。酸素だけでも膨らみません。つまり，マスクの保持や気道の確保，マスクをしっかりあてて呼気を入れないと膨らまないのです。なんだか，不便に感じるかもしれませんが，逆にいうと，適切に呼吸が保たれているかどうかを調べることができる長所があります。使い方として，自発呼吸のある人ではジャクソンリースの方がよく，状態の悪い救急の場所ではアンビューバッグを使います。

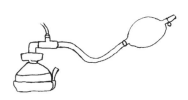

図3-20　ジャクソンリース

重症心身障害児（じゅうしょうしんしんしょうがいじ）

重度の肢体不自由と重度の知的障害を併せ有した状態を重症心身障害といい，その状態の子どもを重症心身障害児といいます。成人の場合は重症心身障害者になります。ただし，明確な定義があるわけではありません。一般的には，元東京都立府中療育センター院長大島一良氏により考案された分類（大島の分類：図3-21）により1～4の範囲に入るものが重症心身障害児と定義されています。

図3-21　大島の分類

食道裂孔ヘルニア（しょくどうれっこうへるにあ）

> 胃と食道は横隔膜で仕切られています。この仕切られたところの穴を食道裂孔といいます。そして，図3-22のように，胃の一部がこの食道裂孔から上の胸部に出てしまった病気を食道裂孔ヘルニアといいます。この食道裂孔ヘルニアがあると，胃酸や食物が逆流しやすくなります。危険なのは，逆流することではなく，逆流したものを誤嚥することです。この場合には，胃液が混じっていますので，肺や気管等に入った場合には肺炎になりやすいということになります。ヘルニアというと脱腸のことを考えますが，あれは鼠径部ヘルニアといいます。鼠径（そけい）とは太もものつけ根の部分のことです。つまり，「ヘルニア」とは，体の部分が正しい位置からはみ出した状態をいいます。だから，肢体不自由特別支援学校で先生達によく見られる腰痛の原因になる椎間板ヘルニアという病気は，椎間板がはみ出して神経を圧迫している状態をいいます。

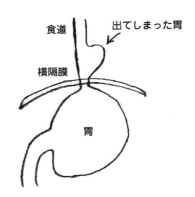

図3-22　食道裂孔ヘルニア

神経因性膀胱（しんけいいんせいぼうこう）

> 膀胱は中枢神経と末梢神経で調節されていますが，その中のいずれかの障害で起こる排尿障害（P.109参照）のことです。大脳が原因の場合，脳性麻痺や水頭症など，脊髄では二分脊椎や脊髄損傷などがあります。

人工呼吸器（じんこうこきゅうき）

> テレビドラマにもたびたび登場する人工呼吸器，分かっているつもりだけど説明してくださいといわれると，説明しにくいなと思う用語ではないでしょうか。人工呼吸器とは，簡単にいうと人工的に呼吸をさせる機器のことです。この方法には大きく分けて二つの方法があります。現在，気道に陽圧をかけて肺を広げて呼吸をさせるので，陽圧式人工呼吸器といわれるものが一般的に人工呼吸器といわれているものです。もちろん，陽圧があるなら陰圧もあります。現在は主流ではありませんが，肺の外から陰圧をかけて，肺を膨らませる方法を陰圧式人工呼吸器といいます。
> 次に人工呼吸器の換気経路を説明します。ふつう以下の三つの場合があります。

1　気管挿管（きかんそうかん）：図3-23のように口または鼻から喉頭を経由してチューブを挿入し，空気の通り道を確保（気道確保）することです。手術時における最も迅速で確実な方法です。
2　気管切開：これは，特別支援学校や訪問教育の子どもたちでよく見られる方法です。
3　NPPV（非侵襲的陽圧換気療法：気管切開や気管挿管せずに空気を送ります）

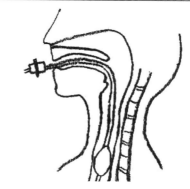

図3-23　気管挿管

人工鼻（じんこうばな）

気管切開を行っている子どもは，空気を気管カニューレから取り入れることになり，空気が鼻を通りません。そのため，空気に適切な温度と湿度を維持することが難しくなります。そこで，気管を痛めないように鼻の代わりをするのが写真3-10のような人工鼻です。

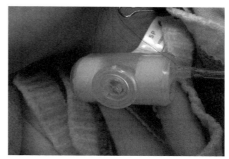

写真3-10　人工鼻

振動法（しんどうほう）

排痰法の一つで，胸に手やバイブレーターで振動を与え，排痰を促します。

声帯（せいたい）

> よく分かっている言葉のようですが「どこにありますか?」と聞かれると、ちょっと自信がもてないレベルの用語かもしれません。図3-24を見て位置を確認してください。その働きは肺からの空気で振動し、音を出すことです。ふつう日本人は成人で男子が2.0cm、女子が1.5cmの長さだといわれています。この長さの違いや声帯の位置の違いが男性と女性の声の違いになります。

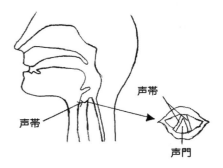

図3-24　声帯と声門

声門（せいもん）

> では、声門とはどこだ？声の門だから図3-24のように左右の声帯の間（声門裂といいます）のことかな。その通りなのですが、医学的には声帯とその間を含めて声門といいます。

舌根沈下（ぜっこんちんか）

> 何らかの原因で、舌根が後方(背側)に落ち込むために上気道がふさがる状態です。「ゴー、ゴー」や「カーッ、カーッ」などの音が息を吸い込むときに聞かれます。学校でよく見られる子どもたちの状態だと思いますが、これを防ぐのが案外難しいのです。よく用いられる方法として、
> 1　体位変換。舌根が落ちないように、腹臥位や側臥位に姿勢を変換します。
> 2　図3-25のように下顎挙上します。または、頸椎カラーの活用、子どもによっては自遊自在（日本化線株式会社）の活用で、うまく下顎を保持できる場合があります。
> 3　エアウェイ（P.84参照）の活用
> 4　持続的気道陽圧（CPAP）の活用
> などが考えられます。

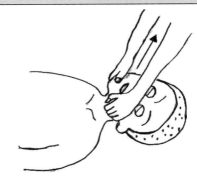

図3-25　下顎挙上

喘鳴（ぜんめい）

呼吸時に「ゼェー」「ヒュー」という音がすることをいいます。呼気でする場合と吸気でする場合とがあります。

側弯（そくわん）

脊椎（背骨）が側方に曲がっている状態です。重度の脳性麻痺や筋ジスの子どもにはよく見られます。立位できる場合には，前に体を曲げてもらうと分かりやすいです。図3-26のように，側弯のチェックには
①前屈み時の背中の盛上り
②腰のくびれの非対称性
③肩のラインの非対称性
④肩甲骨の非対称性
の四つが一般的に使われています。また，図3-27のように前に脊椎が出ている状態を前弯（ぜんわん），逆に後ろへ脊椎が出ている状態を後弯（こうわん）といいます。

よく保護者の方が，「右凸の側弯で，○○度でした」といわれるのを聞いたことがありませんか，この場合はコブ角のことです。図3-28のように測りますので，知っているとためになると思います。また，側弯の治療法として，大きく経過観察，装具療法，手術の三つに分けられます。この時のコブ角の目安は，コブ角が10～25度は軽度の側弯と診断され経過観察，角度が25～40度のものになると装具療法を施行し，身体の箇所にもよりますが，50～55度を超えたら手術の適応となるのが一般的なようです。

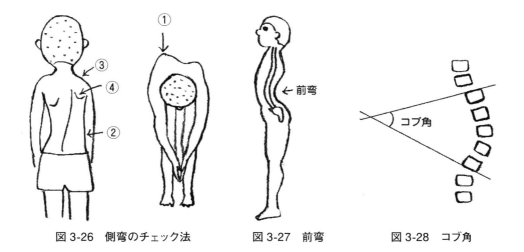

図3-26　側弯のチェック法　　図3-27　前弯　　図3-28　コブ角

体位ドレナージ（たいいどれなーじ）

> 排痰法の一つで様々な姿勢をとりながら排痰を行っていく方法です。理論的には，痰のたまっている場所を上にし，重力を活用しながら痰をなるべく吸引しやすい上気道にもっていき排痰しやすくします。この方法は，痰の粘性により効果が様々ですが，とても効果がみられる子どももいます。この排痰法に，タッピングや振動法を加えるとさらに効果的です。ただし，姿勢と肺の位置関係をしっかり理解しておく必要があります。また，気管切開や胃瘻をしている場合には，気管切開部位や胃瘻部に気をつける必要があります。図3-29を参考にして，姿勢と肺の位置関係を確認しておいてください。肺の黒くなっている部位が各体位において最も上になるところです。

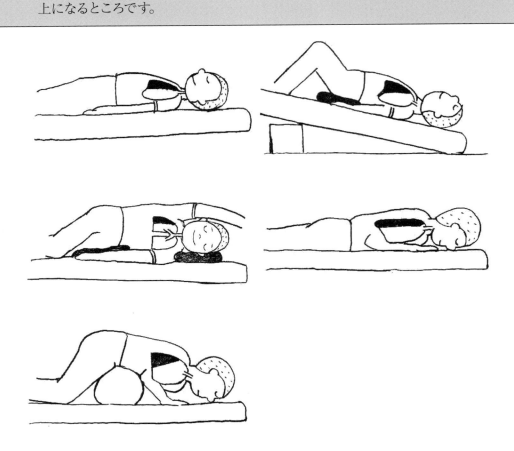

図 3-29　姿勢と肺の位置関係

体幹（たいかん）

 上肢，下肢を除いた部分なので，頭部，頸部，胸部，腹部に分けられますが，頭部は入れない場合が多いです。

対称性緊張性頸反射（たいしょうせいきんちょうせいけいはんしゃ）

 よくSTNRといわれます。Symmetric Tonic Neck Reflexの略で，訳すと対称的な緊張性の首の反射ということで，この反射では，図3-30のように頭が上がると腕が伸びて足が曲がり，頭が下がると腕が曲がって足が伸びる姿勢をとります。原始反射の一つです。

図3-30　対称性緊張性頸反射

タッピング

 体位ドレナージ法を助ける方法で，手指で背中や胸をたたくことで振動を与え，痰をなるべく吸引しやすい上気道へ移動させる方法で，カッピングも含まれます。

炭酸ガス分圧（たんさんがすぶんあつ）

みなさんもご存じの通り，人は肺に酸素を入れ，二酸化炭素（炭酸ガス）を肺から出します。血液の大切な働きとして酸素を肺から受け取って組織へ運び，組織からは二酸化炭素を受け取って肺に運ぶ働きがあります。この時，血液に溶けている気体の量はその気体の圧力（これを分圧といいます）に比例します。だから，分圧が高いということは血液にたくさん溶けているということです。炭酸ガス分圧の話に入りますが，要するに，二酸化炭素（炭酸ガス）がどのくらい血液中に溶けているのかということを表すのが，炭酸ガス分圧という言葉で，これをPaCO2と書きます。Partial Pressure of carbon dioxide in Arteryの略です。動脈（Artery）の中の二酸化炭素（carbon dioxide）の分圧（Partial Pressure）ということです。ですから，動脈血二酸化炭素分圧です。では，これで一体何

が分かるかというと，この炭酸ガス分圧が高すぎると体の中に二酸化炭素がたまっていて，正常に二酸化炭素を吐ききっていないということになります。それで呼吸系の障害（気管支喘息，慢性気管支炎など）を持っている可能性があることが分かります。一方，低い場合には過呼吸が考えられます。もちろん $PaO2$（動脈血酸素分圧：Partial Pressure of in Oxygen Artery）と比較しながら考察していくことが必要です。それでは同じような用語のおさらいをしましょう。

$SpO2$：パルスオキシメータを使って測定した経皮的動脈血酸素飽和度：この時の「S」は「Saturation（飽和）」，「p」は「Pulse（脈）」で，「O2」は「Oxygen（酸素）」の略です。学校で出てくる用語はほとんどこれだと思っていいでしょう。

$SaO2$：採血した血液サンプルをガス分析して得た動脈血酸素飽和度：この時の「S」は「Saturation（飽和）」，「a」は「artery（動脈）」です。これは，酸素に結合しているヘモグロビンの割合を表した値です。

$PaO2$：動脈血酸素分圧：この場合の，「P」は「Pressue（圧）」の意味で，「a」は「artery（動脈）」です。つまり，血液にどれだけ酸素が溶けているかを分圧という形で表したものです。

これらはすべて動脈血に酸素がどのくらい含まれているかの値になります。学校では，パルスオキシメーターで測定する $SpO2$ だけを分かっていれば大丈夫だと思います。

チアノーゼ

> 血液中の酸素が少ない場合に爪や唇が青紫色になることです。血液中の還元ヘモグロビン（酸素と結びついていないヘモグロビン）が多くなるとこの色になります。生体の状態を観察する上で，酸素がどの程度血液に供給されているかを知ることは大変重要なことです。これを学校ですぐに測れるのがパルスオキシメーター（P.74参照）です。

中枢性呼吸障害（ちゅうすうせいこきゅうしょうがい）

> 脳幹や延髄にある呼吸運動の中枢が正常に働かない状態を中枢性呼吸障害といいます。呼吸の頻度や深さなどに異常が現れます。有名な病気に先天性中枢性肺胞低換気症候群があります。この病気は，睡眠時に呼吸不全になり，人工呼吸器の装着が必要になります。

低酸素性虚血性脳症（ていさんそせいきょけつせいのうしょう）

> よくHIEといわれています。(Hypoxic: 低酸素 ischemic: 虚血性の encephalopathy: 脳症) の略です。脳への酸素が不足するために脳に障害が出た状態をいいます。脳症が激しい場合には植物状態や脳死になり，胎児期や新生児期に起こると脳性麻痺の原因になります。どのような症状になるかは障害された部位や程度で違ってきます。一般的には，知的障害，運動機能障害，筋緊張の異常，刺激に対する異常反応，痙攣，意識障害などが見られます。

滴下調節部（てきかちょうせつぶ）

> 写真3-11のように経腸栄養液の注入速度を調節するところです。クレンメともいいます。

導尿（どうにょう）

> 間欠導尿（P.88）を参照

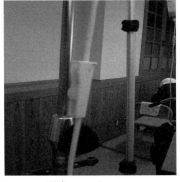

写真 3-11 クレンメ

ドリップチャンバー

日本語では点滴筒（写真 3-12）のことで，ここの滴下の速度を見ながら注入速度をクレンメで調節します。

10秒で10滴 → 1分間に60滴
→ およそ1時間で200ml
10秒で15滴 → 1分間に90滴
→ およそ1時間で300mlというように，大体の注入速度を調節していきます。

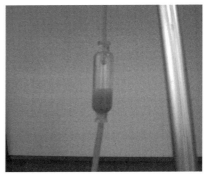

写真 3-12 ドリップチャンバー

努力呼吸（どりょくこきゅう）

上気道が狭くなった場合に酸素が少なくなり，それを補おうとして行われる呼吸です。通常は横隔膜や外肋間筋を使って呼吸しますが，通常使う呼吸筋以外の筋（胸鎖乳突筋・腹筋など）の補助呼吸筋を使い呼吸することです。胸郭がへこんだり，肩が上がったりします。鼻翼呼吸も努力呼吸の一つです。

（経皮）内視鏡的胃瘻造設術（ないしきょうてきいろうぞうせつじゅつ）

Percutaneous：経皮の，Endoscopic：内視鏡の，Gastrostomy：胃瘻造設術の略で，よくPEGといわれます。胃瘻（P.84参照）とは，お腹から直接胃にチューブを入れ経腸栄養剤を注入する方法です。この胃瘻を作るために，お腹を開く手術を行わず内視鏡を用いて行う手術のことです。このPEGには幾つかの方法がありますが，その中のプル法（Pull法）は，腹壁から入れたワイヤーをいったん口から外へ出し，このワイヤーに胃瘻チューブを結び，口から胃の中に引き入れ腹壁の外へ引き出す方法です。20～30分ぐらいで終了し，全身麻酔の必要がないので，重度の障害の子どもも負担が少なくてすむのが特徴です。

肉芽（にくげ）

> 「にくが」とも読みます。けがをした時に傷口が異常に盛り上がった状態です。これは傷口の修復や炎症性の反応です。気管カニューレ留置のために，肉芽のできやすい場所は図3-31のようです。

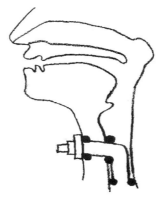

図3-31　肉芽のできやすい箇所

ネブライザー

> 吸入（P.90）を参照

膿尿（のうにょう）

> 炎症のために尿に膿が混ざることです。

排痰（はいたん）

> 気道内にたまった痰を出すこと。体位変換をしながら重力を利用して排痰することを体位ドレナージ（P.104参照）といいます。

排尿障害（はいにょうしょうがい）

> 尿をためる働きと出す働きがうまくいかなくなることです。

バイパップ

> 持続的気道陽圧（P.97）を参照．
> BiPAPだとフィリップ・レスピロニクス会社の商品名です。BIPAPだと人工呼吸器の換気モードのことをいいます。BIPAPは，Biphasic Positive Airway Pressureの略で，二相の圧設定ができます。二相の圧設定ができることで，呼吸状態に合わせて圧を変えることが可能になります。つまり，高めの空気圧は息の吸い込みを助け，低めの圧では息を吐くことを助けてくれます。

肺胞（はいほう）

! 気管支の末端は袋状になってブドウの房のようになっています。それを肺胞といいます。そこで肺の空気と毛細血管内の血液との間でガス交換が行われます。気管支との位置関係は図3-32のようになります。

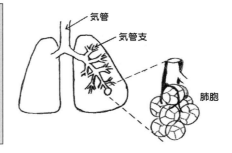

図3-32　気管支と肺胞

パーカッション

! 軽打法（P.91）を参照

抜管（ばっかん）

! 気管挿管したチューブを抜くこと。

抜去（ばっきょ）

! カニューレなどを抜くこと。

反芻（はんすう）

! 牛で有名ですが，図3-33のようにいちど飲み込んだものを口の中に戻して噛むことです。ふつう人は行いませんが，胃食道の逆流がある子どもの場合には，口の中に戻ったものを反芻している場合があるので要注意です。

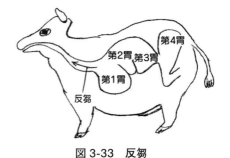

図3-33　反芻

非侵襲的陽圧換気法 (ひしんしゅうてきようあつかんきほう)

英語では Non-invasive Positive Pressure Ventilation で，つまり，NIPPV，NPPV のことです。内容は持続的気道陽圧 (P.97 参照) の項目を見てください。

非対称性緊張性頸反射 (ひたいしょうせいきんちょうせいけいはんしゃ)

この反射では，図 3-34 のように仰向けの姿勢で顔の向いた方の手や足が伸び，反対側が曲がる姿勢をとります。Asymmetrical（非対称的な）Tonic（緊張性の）Neck（頸）Reflex（反射），つまり，非対称的な緊張性の首の反射なので ATNR といいます。

図 3-34
非対称性緊張性頸反射

鼻翼呼吸 (びよくこきゅう)

努力呼吸の一種で，呼吸状態が悪いときに見られます。息を吸うとき，図 3-35 のように小鼻が開く呼吸です。

披裂軟骨 (ひれつなんこつ)

喉頭軟骨の一つです。この披裂軟骨には図 3-36 のように声帯や声帯の周りの筋肉がついていて，発声運動に関係しています。

図 3-35　鼻翼呼吸

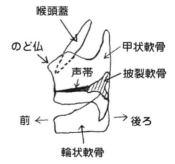

図 3-36　披裂軟骨

腹臥位 (ふくがい)

うつ伏せのことです。

腹臥位保持装具（ふくがいほじそうぐ）

 写真3-13のような腹臥位で活用するポジショナーです。ポジショナー（P.154）を参照。

写真3-13　腹臥位ポジショナー

不顕性誤嚥（ふけんせいごえん）

 むせない誤嚥のことです。サイレントアスピレーション（P.59）を参照

フロッピーインファント

 全身が低緊張で体が柔らかく，ぐにゃぐにゃしている乳児のことをいいます。このフロッピーインファントになる原因として，脳性麻痺，脊髄性筋萎縮症，先天性ミオパシー（筋疾患），筋ジストロフィーなどの疾患があります。

噴門（ふんもん）

 胃の入り口です。

閉塞性呼吸障害（へいそくせいこきゅうしょうがい）

 気道が狭くなることにより呼吸障害が起こることです。この気道が狭くなる原因として，機能的閉塞と構造的閉塞があります。機能的閉塞には，舌根沈下，下顎後退などがあり，一方，構造的閉塞には，喉頭軟化，扁桃・アデノイド肥大などがあります。

ポジショニング

> 日本語では体位設定となりますが、一般的には体位変換をしながら適した姿勢を作ることをいいます。こう書くとあまりたいしたことではないような気がしますが、実は効果的なポジショニングは肢体不自由や病弱の特別支援学校の子どもたちにとって必要不可欠なものです。肺の動きを促進する、排痰を促す、循環障害による褥瘡などを予防する、同一体位による筋肉の萎縮や機能低下を予防する、接地面を拡大し、筋緊張をおとす、休息した体位をとる、このように、障害が重度の子どもの健康にはポジショニングがかなり重要なことが分かります。もちろん、障害が軽くなると能動的な動きが出てくるようなポジショニングが必要になってきます。また、ポジショニングと同じような言葉に、シーティングという言葉があります。シーティングとはSeatingと書くので、「座っている」という事です。子ども達は、座位保持いすや車いすで座って学習活動を行うことが多いと思います。この座る活動のなかで、適切な姿勢をとる必要があります。そうしないと体が変形してきたり学習活動効率が上がらなかったりします。このようなことを考慮すると、学校生活で多くの場面において座って活動する子には、適切なシーティングが不可欠となります。当たり前のことですが、机上で活動するためには前傾座位（図3-37の①）の姿勢が適切でしょうし、休憩するためには、後傾座位（図3-37の②）がゆっくり休めるでしょう。また、車いすの場合には、体がC字のように丸くなった姿勢（図3-37の③）をよく見ます。この姿勢では、胸やお腹が圧迫され、呼吸や消化への悪影響や頭を挙げるために後頸部の緊張を高めて活動する必要があります。できれば、背骨をS字（図3-37の④）にすることで、内臓や背骨に負担がかからないシーティングを心掛けましょう。

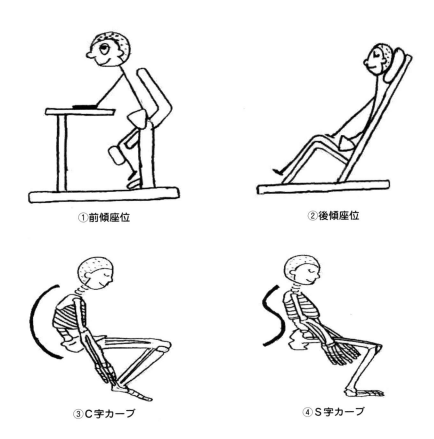

図 3-37　ポジショニングと活動

無気肺（むきはい）

肺の中に含まれる空気の量が無くなり，肺が縮小した状態をいいます。重症心身障害児の無気肺は，誤嚥による食物や唾液など，また痰などが気管支をふさぐことで，それ以降の気管に空気が入らなくなることが原因になる場合があります。そのため，予防としては体位ドレナージでの排痰などが有効になることもあります。

むせない誤嚥（むせないごえん）

サイレントアスピレーション（P.59）を参照。不顕性誤嚥ともいいます。誤嚥性肺炎の原因になります。

メンデルソン症候群（めんでるそんしょうこうぐん）

酸嚥下性肺炎ともいいます。胃酸が気管に入って起こる重度な肺炎のことをいいます。産婦人科医のメンデルソンが麻酔による出産で誤嚥性肺炎が生じることを報告したのが最初ですが，教育現場でも，吸引の刺激により胃液を嘔吐し，それが気管に入って肺炎を起こすことは，吸引のリスクとしてじゅうぶん考えておかなければなりません。

るいそう

極度にやせていることです。

瘻孔（ろうこう）

正常でない場所にできた穴をいいます。先天的にもできるし，潰瘍などで後天的にもできます。胃瘻，膀胱瘻や気管瘻も瘻孔の一つです。

肋間筋（ろっかんきん）

名前の通り，図3-38のように肋骨の間にある筋です。詳しく説明すると，内肋間筋と外肋間筋があり，内肋間筋は肋骨を引き下げて呼気を，外肋間筋は引き上げて吸気を行わせる働きをしています。

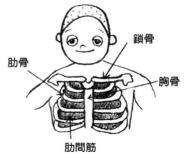

図3-38　肋間筋

腕頭動脈（わんとうどうみゃく）

 図3-39のように大動脈から最初に分かれた動脈です。これを横から見ると，右図のように気管カニューレの下を通ることになります。気管にとても近いところを通るため，吸引やカニューレの尖端，カフで腕頭動脈に瘻孔ができる（腕頭動脈瘻）恐れがあります。もし，瘻孔ができると大出血し，死に至る場合も少なくありません。

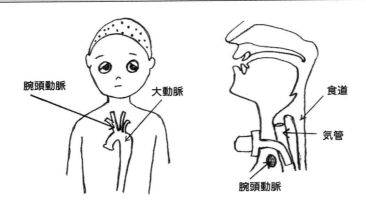

図3-39　腕頭動脈の位置

第4章

疾患

第4章　疾　患

脳性麻痺（のうせいまひ）

脳性麻痺とは

　肢体不自由児の約半数を占めている疾患です。脳性麻痺の定義は当時の厚生省脳性麻痺研究班（1968）が「受胎から新生児（4週間以内）までの間に生じた脳の非進行性病変に基づく，永続的な，しかし変化しうる運動および姿勢の異常である。その症状は満2歳までに発現する。進行性疾患や一過性運動障害，または将来正常化するであろうと思われる運動発達遅延は除外する」と定義していますが，精神遅滞やてんかんを伴うことも多く見られます。肢体不自由特別支援学校に勤務するためには，少なくとも，脳性麻痺がどういう疾患であるか分かっていることが必要ですね。原因は，未熟児，脳奇形，低酸素，仮死など様々な場合があり，発症頻度は出生1000人当たり1〜2人といわれています。

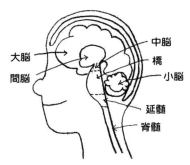

図4-1　脳と脊髄の位置関係

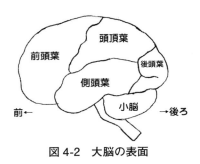

図4-2　大脳の表面

よく病院などでは Cerebral（脳性の）Palsy（麻痺）の頭文字をとって CP といっています。ここで大事なことは，脳性麻痺とは原因が決まった一つの疾患ではなく，一つの症候群あるいは包括的な概念に基づく名称です。つまり，一定の定義に当てはまる脳性の運動の障害の集まりということです。では，一定の定義とは何でしょうか，

・運動と姿勢の障害であること。
・非進行性の脳の障害であること。
・成長に伴って障害の状態は変化するが，永続的で一過性のものではないということ。
・発生時期は，生後4週までとすること。

　ただし，最後の内容については，各国で幅広い違い（3ヶ月〜6歳）があります。脳性麻痺は，脳の障害なので脳に関する言葉がたくさん出てきます。そこで，まず，脳について，少し勉強してみましょう。

　脳は，簡単に表すと図4-1のようになっています。これで大脳，間脳，中脳，小脳な

どの位置関係は大まかに分かったと思います。次に図4-2の大脳の表面を見てみましょう。これをまとめて，大脳皮質といいますが，箇所により，よくテレビで放送される部位もありますね。各部位で働きが違っていて，側頭葉は言語，後頭葉は視覚などをつかさどることは有名です。この大脳皮質から脊髄まで，脳の指令を伝える経路（図4-3）があり，この経路は大脳皮質から脊髄までつながっているので皮質脊髄路といいます。この皮質脊髄路は，脊髄で次の伝達役の運動神経（正確には下位運動ニューロン）につながっていて，脳の指令を身体に伝えます。この伝達で身体が動きます。例えば，図4-3では①が骨格筋，②運動神経，③皮質脊髄路で

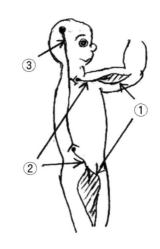

図4-3 運動と神経回路

この皮質脊髄路のことを錐体路（すいたいろ）という場合もあります。なぜ錐体路というかは延髄の錐体という部分をこの経路が通るからなんですね。この錐体路のどこかが壊れると，麻痺が起こることになります。また，錐体路は，ほとんどが錐体で交叉し，経路が反対側に行っているので，例えば脳の右側が障害を受けると逆側の左半身に麻痺がみられます。この錐体の交叉を錐体交差（すいたいこうさ）といい，この経路は随意的な動きの指令を伝えています。この錐体という場所を通らない経路があったら何というでしょうか。錐体の外を通るので，錐体外路（すいたいがいろ）といいます。この錐体外路は，不随意な動きを支配しています。どこが命令しているかというと小脳や大脳基底核（だいのうきていかく：大脳内部にある神経の集まりで，運動の調節機能を持ち，特に不随意な動きに関係しています）です。

なんとなく脳のことが分かったでしょうか。

脳性麻痺の型

脳性麻痺の型は，一般には，痙直型，アテトーゼ型，強剛型（固縮型），失調型，低緊張型，混合型に分けるのがふつうです。必ずこのように分けると決まっているわけではないので，本によっては分け方が違う場合もあります。

ア　痙直型（けいちょくがた）

痙直型は，錐体路系の障害により痙性麻痺（けいせいまひ）を示します。痙性麻痺とは脳の障害のために手足が突っ張るようになり，手足を曲げられない，関節が思うように曲げられないとか伸ばせない症状をいい，痙縮（けいしゅく）と呼ばれることもあります。こうした症状から，筋力の低下や姿勢のバランスを維持できなかったりします。また，身

体の一部に力を入れると他の部位が緊張することがあります。例えば腕を動かすと脚がクロスしたりすることはよく見られると思います。このような動きを連合反応（れんごうはんのう）と呼びます。また，重度の脳性麻痺の子どもは，成長する場合，成長に伴い骨は伸びていきますが，筋緊張が均等でなかったり，また，筋がバランスよく伸びないために，脱臼，側弯，変形という二次障害がでてきます。

イ　アテトーゼ型

　この型は，錐体外路の障害（主に大脳基底核）で見られます。意図的な動きが難しく，意図した動きとは反対の動きが出る場合が多く見られます。例えば「右を見て」と声掛けすると，左を向いてしまったりします。その動きは体全体に見られることが多く，そのため構音障害も見られます。また，筋緊張の変動が激しいためにいろいろな姿勢の変化や崩れが見られ，同じ姿勢を保つことが難しかったり，正中位に体を保つことが難しいことが特徴です。動きはかなりあるので，拘縮が進行しにくいという点も見られますが，頸の強い緊張で，成人後に二次障害として頸髄症（けいずいしょう：頸椎ヘルニアなどの原因により，首が痛くなり，上肢のしびれや痛み，知覚麻痺，運動障害が出てくる病気）になることがあります。

ウ　強剛型（きょうごうがた）

　固縮型（こしゅくがた）ともいいます。この型は，関節が硬く可動域が狭い場合が多くみられます。上肢や下肢に他動的に力を加えていくと，痙直型とは違い，曲げる場合にも伸ばす場合にも抵抗が続き，鉛を曲げているような感じを受けるのが特徴です。上肢，下肢，体幹とも動きが少なく，しっかりケアをしていかないと体の変形や脱臼，側弯などが現れてきます。

エ　失調型（しっちょうがた）

　この型は，小脳が障害されているために症状が出ます。そのため，筋緊張の低下や失調（しっちょう：運動がうまく協調されていない状態で，ぎくしゃくした動き）の症状が出てきます。歩行ができても，バランスを保ちにくく，言語のイントネーションがおかしな場合もあります。最近は，画像診断が進歩してきたため脳性麻痺の診断ではなく，小脳病変の診断名がついている場合が多くなってきました。

オ　低緊張型（ていきんちょうがた）

　この型は，上肢，下肢，体幹ともに，低緊張で姿勢保持が難しく，座位まで獲得できない場合がほとんどです。下肢はカエル肢位といって，写真 4-1 のように両脚が開いている場合が多く見られます。また，成長するにつれて，上肢，下肢の末梢（手首や足首など）には緊張が出てきて，可動域が少なくなり拘縮してきます。摂食障害や呼吸障害が見られやすいので，姿勢変換などをこまめに行うことが大切です。

写真 4-1　カエル肢位

カ　混合型（こんごうがた）

　この型は，以上の型のいずれかが合わさったもので，痙直型とアテトーゼ型が合併している場合が多く見られます。また，最近，混合型はどんどん増えてきているといわれています。

麻痺の種類

　麻痺の種類として，病院で「○○麻痺ですね。」という言葉をよく聞くので，麻痺の種類も書いてみました。

　分かりやすいのは，四肢麻痺，片麻痺，三肢麻痺，単麻痺ですね。
これらは，図 4-4 のように，
- ・四肢麻痺・・・上・下肢の麻痺
- ・片麻痺・・・・片側の上・下肢麻痺
- ・三肢麻痺・・・上・下肢のうち三肢の麻痺
- ・単麻痺・・・・上・下肢の一肢のみの麻痺

　ここまでは言葉通りなので簡単ですね。ただし，脳性麻痺の場合は脳梗塞や脳出血のような中途障害ではないので，純粋な片麻痺，三肢麻痺，単麻痺はほとんど見られないと考えた方がいいでしょう。もし，脳性麻痺の診断名で，片麻痺と書いてあった場合には純粋な脳性麻痺ではなく，脳梗塞等の中途障害かもしれません。

　麻痺でいちばんややこしいのは両麻痺と対麻痺の違いです。この場合の両麻痺とは体の両側の同じ部位が麻痺していることです。それで両側の上肢や眼筋（眼球の動きを支配する筋）の麻痺などをいいます。この両麻痺のことを，よく病院では diplegia の略で「ダイプレ」と呼ぶ場合があります。ところが下肢のみの両側性の麻痺のことは特別に対麻痺といいます。やっかいですね。

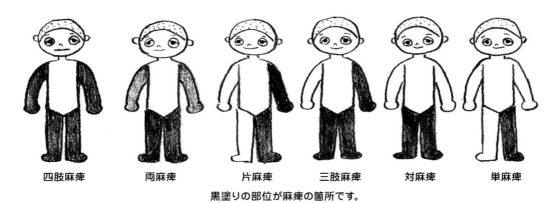

四肢麻痺　両麻痺　片麻痺　三肢麻痺　対麻痺　単麻痺

黒塗りの部位が麻痺の箇所です。

図4-4　麻痺の種類

　胎児の時から生後4週間までに脳に障害が起こる場合には，運動に関係する部分（運動野）のみが障害されるケースは多くないと考える方がふつうだと思います。ほぼ，脳全体にダメージがあると考える方が自然です。ただし，昔のアテトーゼ型の脳性麻痺の場合には，核黄疸（かくおうだん）という病気で大脳基底核のみにビリルビン（胆汁色素の主成分で，血液に異常に増加した場合には黄疸になる）が病変を与えていたので，知的には正常である場合が多く見られました。しかし，現在では，核黄疸の病気は，光線療法（ビリルビンが高くなったときに行う治療法で，光のエネルギーにより，ビリルビンを水溶性の光ビリルビンに変化させることで，ビリルビンの値を減少させる）や交換輸血（一方の血管から血液を出し，一方から入れて，体内の血液をそっくり置き換える）で治るため，以前のようにこのタイプの子どもを見かけることはなくなりました。ただし，未熟児や仮死などの危険因子があると比較的に低いビリルビン値でも起こるため，全くなくなったというわけではありません。話は戻りますが，脳性麻痺を脳全体の障害だと考えると，視覚・聴覚・知的・病弱・情緒などの障害を併せ有することもあると考えるのがふつうです。つまり，脳性麻痺児の場合には，運動と姿勢だけの問題ではなく，様々な障害を有している場合が少なくありません。そのため，重複学級に在籍する子どもが多くなります。

　もちろん，対麻痺で，知的に正常な子どもも脳性麻痺の場合には見られます。この対麻痺の場合の多くはPVLといわれる疾患です。このPVLとはどのような疾患でしょうか。日本語では，長くて舌を噛みそうな脳室周囲白質軟化症（のうしつしゅういはくしつなんかしょう）といわれる疾患で，未熟児で早産の場合は発症するリスクが高いといわれています。脳室周囲白質軟化症の場合，図4-5のように脳室の周囲（図4-5の黒い部位）

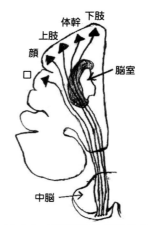

図4-5　脳室周囲白質軟化症

が両側性に崩れてきますが，この部分が大脳皮質からの皮質脊髄路の箇所になり，麻痺や運動障害等がでてきます。図4-5のように脳室の近くからの皮質脊髄路の順は決まっているので，ＰＶＬでは下肢，体幹，上肢の順に麻痺が生じます。脳室の周囲の崩れが小さいと知的に正常な場合も少なくありません。

脳性麻痺に対する病院での訓練

　よく夏季休暇など活用して，病院の訓練見学に行くのではないでしょうか。そこで，簡単に病院の訓練について述べておきます。

　まず，訓練はだれが行っているのかですが，一般的には，PT（理学療法士），OT（作業療法士），ST（言語聴覚士）が行うことがふつうです。PTは，歩行や立位などの粗大運動を，OTは机上の手指動作やＡＤＬ（日常生活動作・・・更衣や食事動作など）を高めるために微細な運動を，ＳＴは言語訓練や摂食嚥下訓練などを行っています。たまにリハビリドクター（リハビリ専門医）の場合には，ドクターが行っていることもあります。

　訓練の内容としては，いちばんにはボバース・アプローチを行っている場合が多いと思います。このアプローチはイギリスのボバース夫妻が開発したリハビリテーション概念です。脳の可塑性（かそせい：損傷された神経の修復）を活用し，脳性麻痺児の機能改善をめざすリハビリテーションです。このアプローチは，異常な姿勢や運動パターンを抑制し，正常な反応を引き出そうとする考え方です。このアプローチの特徴は，「画一的な方法は存在しない」という概念に基づいていることです。そのため，「ボバース法」ではなく，「ボバース・アプローチ」，「ボバース概念」という名称で呼ばれています。正式には，脳性麻痺などの障害を伴っている患者に対して行われる場合を「神経発達学的治療（NDT: Neuro Developmental Treatment)」，一方，主に成人の片麻痺の患者に対して行われる場合を「神経学的リハビリテーション（Neurological rehabilitation based upon the BOBATH concepts)」と定義しています。

　日本では「ボバース記念病院(大阪市)」と「森之宮病院(大阪市)」が中心的な役割を担っています。

　次に多いのはボイタ法でしょう。

　この方法は，チエコスロバキア出身のボイタ教授によって発見された「反射性運動」を利用した運動機能障害に対する治療法です。子どもに決まった姿勢をとらせ，特定の部分（誘発帯）に適切な刺激を与えると，全身に筋収縮が起こり，運動が出現します。この運動のパターンは人間の脳には生まれつき備わっている運動パターンになりますが，脳性麻痺児の場合，表出できていないと考えています。そこで，早期乳児期に対象児に対し，特定の姿勢をとらせて誘発部位に適切な刺激を与えることで，「反射性腹ばい」と「反射

性寝返り」を引き出し，発達を促しながら脳性麻痺の発症をできるだけ阻止しようとする方法です。ですからこの方法は決まった手技を行うことになります。

　これら二つの代表的な方法の他に，感覚統合療法（かんかくとうごうりょうほう：アメリカの作業療法士であるエアーズが提唱した方法で，感覚刺激の入力をコントロールしながら，環境にうまく対応できる子どもを育てていきます。どちらかといえばADHDや自閉症を中心に行われています）やPNF（固有受容性神経筋促通法：こゆうじゅようせいしんけいきんそくつうほう）：カバットらにより体系化された方法で，「反射」を促しその結果として，神経や筋機能の向上及び各関節の可動域等の回復を図ろうとする方法です。この反射を促すのに使われるのが，筋や腱にある固有受容器（こゆうじゅようき）です。固有受容器とは体の位置感覚や運動感覚の受容器のことで，これらを刺激することで運動を誘発する方法です。

　今まで紹介した方法は，脳の成長と運動発達，脳の損傷後による可塑性などの神経生理学の研究を背景にした訓練のため，神経生理学的アプローチと呼ばれます。

　次に上田法という方法があります。この方法は日本の上田正氏により考案された方法で，頸部法，肩-骨盤法，肩甲帯法，上肢法，下肢法の五つからなり，この方法を行うことで痙性が軽減するとしています。

　ROM訓練：Range of Motionの略で，関節可動域訓練のことです。簡単にいうと，狭くなった可動域を改善，維持，予防する訓練です。

　ストレッチ：拘縮や短縮を防ぐ場合に行う訓練です。上記のROM訓練も含んでいます。ストレッチは自発的なイメージがないので教育では好まれない言葉かもしれませんが，私たちは運動の始まりや終わりに必ず自分でストレッチを取り入れています。つまり，子どもたちにも自分でできるストレッチを教えることはとても大切です。また，自分でストレッチができない子どもがほとんどだと思いますが，ストレッチを受け入れられるということはとても大事なことなので，小さい時からストレッチを受け入れる習慣をつけておくことが大切です。ご存じないかもしれませんが，「持続的なストレッチが関節可動域を改善させ痙性を減少させる」という有効性は認められているのです。以上が，多くの病院で行っている訓練だと思います。

　初めて訓練を見学に行くと，つい何をやっているのか，方法を中心に見てしまいますが，実はなぜやっているかに注目することが大切です。というのは，「○○のためにやっている」ということが分かれば，同じ目的のことを同じ方法ではなくても，学校では○○の時間に取り組もうと置き換えることができますよね。つまり，1日の学校活動を自立活動の1コマと考えることで，どの時間で何の目的のことを行うというように構造化していくことが可能になります。

薬物療法

　子どもの緊張状態により，薬物療法も用いられています。薬としては，セルシン，コントール，ダントリウムなどがあり，かなり効果がみられる子どもも少なくありません。薬により脳に働くものや筋肉に働くものなど作用が違います。担当している子どもが服用している薬がどのようなものか，インターネット等で調べることは必要不可欠です。というのは副作用が分かるからです。私たち教師は直接薬の調節をすることはできませんが，薬の副作用を知ることで医療機関へ学校の状態を提供し，子どもに最適な薬を調整することの一端を担うことができます。副作用には筋力の低下や活動性の低下などいろいろなものが見られます。

ボトックスの注射

　この治療法は，今ではかなり一般的な方法となりました。ボトックスとはあの有名な食中毒の原因菌であるボツリヌス菌です。これを体の一部に注射すると筋緊張を押さえてくれます。よく美容整形などでしわ取りに使われていますよ。

　方法としては，注射することでその部位の神経を麻痺させます。その結果，注射を打った部位の緊張を取り除くことが可能になります。例えば尖足で，踵を着けて立てなかった子が，注射を打って踵を着けて立てるようになったり，はさみ肢位（P.35参照）の強かった子どもがオムツを楽に替えられるようになったりします。ボトックスのいちばんの長所は，手術と比較すると簡単にできることです。しかし，欠点もあります。いちばんには数ヶ月で効果がなくなってしまうことです。そのため，元の状態に戻ると注射をまた打たなければなりません。もう一つは注射を繰り返していると，ボトックスに対する抗体ができ，効果が低下する可能性があります。この治療法は世界中で行われている確立した方法です。

手術

　もちろん，股関節が脱臼したりすると，ボトックスを注射しても元に戻ることはありません。その場合には手術が必要になっていきます。脚の手術が多くを占めますが，上肢や背中，頸でも行うこともあります。ところで，手術の中に「選択的緊張筋解離術」という方法がありますが，この手術の方法は日本の松尾隆氏が考案したもので，これは体を支える筋である単関節筋は残し，痛みや強い痙性の原因となっている二関節筋の緊張をコントロールする手術を行なうことで，下肢や上肢の機能回復，移動能力や姿勢の保持などを向上させようとする考え方です。

筋ジストロフィー：デシャンヌ型（きんじすとろふぃー：でしゃんぬがた）

　肢体不自由特別支援学校で見られる疾患で，脳性麻痺の次に多い疾患は，学校により様々だと思いますが，筋ジスの場合も考えられます。筋ジスは，進行性ということもあり，病弱特別支援学校に通っている子どもも多いと思いますが，今では肢体不自由特別支援学校にも多くの子どもが通っています。筋ジスの大きな特徴は何でしょうか。まず，一つは筋の病気で中枢性（脳と脊髄を合わせて中枢という）の病気ではないということです。また，このデシャンヌ型の場合には男子にしか見られないことは有名です。女子の場合にはキャリア（遺伝子は持ってはいるが，症状としてでていない）となります。もちろん筋ジスも女子でも発症するタイプもあります。

　今までの脳性麻痺は，脳の障害ですから中枢性の病気です。では，筋ジスの筋の疾患とはどういうことでしょうか。この病気の場合には，中枢からの伝達は正常に働いていても，筋の疾患なので，最終的に上肢や下肢が動かないということになります。ということは，見た目には脳性麻痺と同様に体が動かないという症状が出ます。

図 4-6　登はん性起立

つまり，中枢性であっても，筋の障害であっても，他者から見た場合にはさほど大きな違いがないように見えるのかもしれません。しかし，原因が違うので，多くの特徴があります。登はん性起立（図4-6），腰椎前弯で支えた立位姿勢及び動揺性歩行（図4-7），ふくらはぎの仮性肥大（写真4-2）等が見られます。この仮性肥大は，筋肉のように見えますが，実は筋肉ではなく，筋肉が衰えたところに脂肪が入っているために膨らんでいるんですね。

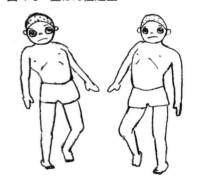

図 4-7　動揺性歩行

　デシャンヌ型筋ジスの症状としては，小学生の低学年から少しずつ歩行や運動ができなくなるなどの症状が出てきて，高学年になると歩行ができなくなり，側弯などの脊柱変形が見られ始めます。また，運動ができなくなると徐々に呼吸関係が障害を受けます。

写真 4-2　仮性肥大

二分脊椎（にぶんせきつい）

　二分脊椎という病気は，あまり聞いたことのない病気かもしれません。この病気は，先天的に脊椎骨が完全に癒合（ゆごう：ふさがること）してないために起こる疾患です。症状としては，下肢麻痺の症状と下肢の変形などが見られます。また，知覚麻痺（感覚のない状態）も見られるため，痛みや熱さを感じにくくなります。そのため，褥瘡（床ずれともいい，局部を集中して圧迫しているため，血液が流れずに潰瘍ができてしまうことです）や火傷，骨折が分からない場合も少なくありません。子どもたちのこういう特徴は，私たちも忘れやすいので気をつけなければならない大切なことです。お尻の褥瘡は，長時間の座位での負荷が原因と考えられるので，一定の時間毎にお尻を上げることを促します。また，長く車いすに当たっているところ（踵やくるぶしなど）は，時々気をつけて見ることが大切です。また，膀胱や直腸の麻痺や水頭症を合併することも少なくありません。膀胱の麻痺を伴う場合には，体外から，導尿（カテーテルを使い，人工的に尿を体外に出させること）（医ケア）が必要になります。また，水頭症を伴う場合には，知的障害が伴うことがあります。

　水頭症とは，脳脊髄液が脳室の中に通常より多量にたまってしまい，その結果として頭痛，嘔吐や歩行障害などを示す疾患です。その治療として，たまった脳脊髄液を脳室から出してしまう必要があるので，そこで使われるのがシャント（図4-8の場合には，拡大した脳室からおなかの中に脳脊髄液を流す脳室－腹腔シャントで，V－Pシャントと呼ばれています）です。

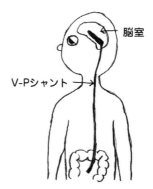

図4-8　V-Pシャント

ペルテス病（ぺるてすびょう）

　この病気は，大腿骨の骨頭（図4-9）の血行障害が原因で起こります。血行障害により骨が極端にもろくなり，骨が変形していく病気です。今でも原因がよく分かっていませんが，男子が女子と比較して圧倒的に多いということは間違いないようです。症状としては股関節の痛みのために歩行が難しかったり，跛行（はこう：歩行の異常があること）を生じます。このペルテス病の手術のために，療育センターなどに入院しながら，併設の肢体不自由特別支援学校へ登校している子どもたちがいますが，この子どもたちは，骨の病気なので知的には遅れは見られず，退院後に地元の学校へ帰ったとき

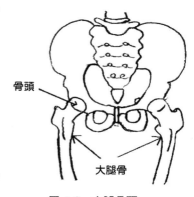

図4-9　大腿骨頭

に，学習の遅れがないように教科書を中心の学習を行っています。

未熟児網膜症（みじゅくじもうまくしょう）

　在胎32週未満，出生体重1500ｇ未満に多いといわれている網膜の血管病です。原因はこの子どもたちに対する高濃度の酸素投与が大きな要因の一つであることが分かってきたので，今では酸素投与に注意が払われ，劇的に発症率が減っています。このため，徐々に進行するタイプでは，失明する確率は少なく，多くは自然にまたは治療で回復するといわれています。しかし，急速に進行するタイプでは，進行が速いためにすぐに治療を行う必要があります。

てんかん

てんかんとは

　てんかんというと，立っている子どもや歩行している子どもが急に倒れてしまうイメージがあるかもしれません。だから，知的障害特別支援学校に多い病気のような気がしますが，実は，肢体不自由特別支援学校に在籍している子どももてんかんを有している場合が少なくありません。肢体不自由特別支援学校では，子どもたちの多くが，車いすや座位保持いすに座っていたり，横になっているために，てんかん発作による転倒がありません。そのために，てんかんがあまり目立たないというのが現状です。では，てんかんとはどんな疾患でしょうか。基本的には，脳の神経細胞の激しい電気的な興奮で繰り返される発作（てんかん発作）を有する疾患です。ご存じないかもしれませんが，てんかんは珍しい疾患ではなく，実は100人に1人の割合でみられる疾患です。ただ，現代では，適切な治療を受ければ，多くの場合は，てんかん発作を抑えることができるといわれています。しかし，現在でも，約20％は薬では押さえられない難治性てんかんです。また，てんかん＝けいれん（筋肉が不随意に収縮を繰り返すために，手足がガクガクと一定のリズムで曲がったり伸びたりすること）と思っている人もいるかと思いますが，そういうことはありません。例えば，単純部分発作の感覚発作といわれるものは，視野の一部に色が見えたり，聞こえない音が聞こえてきたり，嫌なにおいがしたりします。一方，けいれんもてんかんだけで起こるわけではなく，脱水状態や薬物中毒，脳血管の障害などでも起こります。

てんかんの原因と分類

　てんかんの原因については様々ですが，この原因により，特発性てんかんと症候性てんかんとに分けられています。特発性てんかんは，検査をしても異常が見つからない場合，つまり原因不明な場合，特発性てんかんといいます。一方，脳に何らかの障害があり，

原因が分かっている場合，例えば，脳梗塞，脳腫瘍，脳炎などがありますが，この場合を症候性てんかんといいます。次に，てんかん発作が，どの部分で，どのくらいの範囲で発症するかで，部分てんかんと全般てんかんに分けられます。
これらを組み合わせて
・特発性部分てんかん
・症候性部分てんかん
・特発性全般てんかん
・症候性全般てんかん
に分けるのが一般的です。

てんかん発作の分類

　てんかん発作を分けてみましょう。

　部分発作は，意識障害のない単純部分発作と意識障害のある複雑部分発作，また部分発作に続き，全身に発作が広がる二次性全般化発作に分けられます。
次に全般発作を紹介します。

ア　欠神発作（けっしんほっさ）

　図4-10のように，突然意識を失い動作が止まります。しかし，転倒することなく数秒で回復します。本人には自覚がないので本人は気づかず，鉛筆などを落とすことなどで周りの子どもが気づいたりします。児童期に多い発作で，気づかれていない子どもが通常学級にもいるといわれています。

図4-10　欠神発作

イ　脱力発作（だつりょくほっさ）

　図4-11のように，突然，意識を失いがくんと全身の力が抜け，転倒したりする発作です。数秒で終わる発作ですが，転倒して大きな怪我につながる恐れがあり，怪我を避けるためにはなるべく保護帽などかぶる必要があります。

図4-11　脱力発作

ウ　ミオクロニー発作（みおくろにーほっさ）

　全身または体の一部にピクッとした収縮が起こります。ほぼ左右同時に出現します。しかし，左右差があったりして単純部分発作と間違うことがあります。また，ミオクローヌス（不随意運動であるぴくつき）と区別のつかない場合もありますが，脳波ではっきりとした違いが分かります。通常は意識が保たれています。

エ　強直発作（きょうちょくほっさ）

　前兆がなく，図4-12のように両手両足を伸ばし，突っ張るようにけいれんします。意識を失い，眼球は上を向き，口がへの字になります。両手両足に力が入り，突っ張り，うなり声が出る場合もあります。発作中は呼吸が止まり，数秒から数10秒で発作は突然終わります。

図4-12　強直発作

オ　間代発作（かんたいほっさ）

図4-13のように一定のリズムで全身をガクガクとけいれんさせる発作です。けいれんは左右対称で，ミオクロニー発作と比較するとゆっくりしています。発作中は意識はありません。

カ　強直間代発作（きょうちょくかんたいほっさ）

　よく大発作といわれている発作です。突然，意識を失い，うなり声を上げて，強直けいれんが始まります。しばらくすると間代けいれんに移ります。呼吸がしばしば止まります。強直けいれんと間代けいれんの時間は子どもにより違いますが，この発作自体は1分程度のことが多いようです。この発作が終わるとしばしば眠りに入ることがふつうで，この睡眠のことを終末睡眠といいます。

図4-13　間代発作

ここからは特殊な発作を紹介します。

ア　自動症（じどうしょう）
　この発作は意識はありませんが，口元をもぐもぐさせたり，舌なめずりをしたり，手で足をこすったりします。子どもによっては，歩き回る子どももいます。周りの人は意識があると勘違いする場合が少なくありません。

イ　笑い発作（わらいほっさ）
　脳の視床下部にできた良性の腫瘍が原因で出る発作です。面白くない状態の時に笑顔になったり，声を出して笑う子どももいます。

ウ　重積発作（じゅうせきほっさ）
　喘息での重積発作もあるので，厳密にはてんかん重積状態です。てんかん発作が長く続いたり，意識が回復しない状態で，何度も発作が繰り返されたりする状態です。重積発作では，全身がけいれんする場合とけいれんしない場合とがあります。けいれん性の場合で多いのは大発作が重積する場合で，この場合は救急車を呼ぶ必要があります。けいれんがない場合には，欠神発作の重積が多く軽い意識障害が続きます。

エ　驚愕発作（きょうがくほっさ）
　ドアをたたく音や手をたたく音に誘発される発作です。このような音の刺激で転倒したりします。発作自体は，多くは強直発作です。

オ　心因性非てんかん発作（しんいんせいひてんかんほっさ）
　偽てんかんともいいます。脳波を測定しても異常は見られませんが，てんかんと区別のつかないような動きがあります。初めてみると全くてんかん発作と区別がつきません。病院で心因性のものだと判断されてから，学校では対応することになります。学校での対応としては，周囲が騒げば騒ぐほど症状が悪化するので，なるべく放置するのが良いのですが，心因性の発作だけでなく本当のてんかんを持っている子どももいるので要注意です。心因性の発作の原因はストレスが大きく関係しているといわれています。ですから，カウンセリングや抗不安薬などで効果がみられることがあります。

難治性てんかん（なんちせいてんかん）

　残念ながら，てんかんの約2割の子どもは薬を飲んでも発作をコントロールできない「難治性てんかん」を有しています。では「難治性てんかん」とはどのようなものなのでしょうか。特別支援学校に在籍する子どもの難治性てんかんとしては，ウエスト症候群，ドベラ症候群，レンノックスガストー症候群が頻度が高いと思います。

ア　ウエスト症候群（うえすとしょうこうぐん）
　点頭てんかんとも呼ばれます。突然，両手を広げて頭を曲げる発作です。この頭を曲げる動作がお辞儀を連想させるので，点頭てんかんと呼ばれています。点頭とはうなずくことですね。「ヒプスアリスミア」という特徴的な脳波が出ます。ACTH（副腎皮質刺激ホルモン）という薬が有効なのですが，まだそのはっきりとした理由は分かっていません。

イ　ドラベ症候群（どらべしょうこうぐん）
　乳児重症ミオクロニーてんかんとも呼ばれます。脳が発達する乳児期に発作が多く出現することで，精神発達遅滞，運動失調や低緊張などを伴う場合が多く，発熱や入浴などで発作が誘発され，てんかん重積状態になる場合があります。

ウ　レンノックスガストー症候群（れんのっくすがすとーしょうこうぐん）
　強直発作，ミオクロニー発作や脱力発作など複数の発作を持つことが特徴で，精神発達遅滞を伴うことがほとんどです。てんかん重積状態になることが多く見られます。脳波が特徴的であり，一部はウエスト症候群に引き続いて発症します。また，脳炎や脳症などの後遺症として起こることもあります。

抗てんかん薬

　抗てんかん薬というのは，文字通り，てんかん発作を抑制する薬です。肢体不自由特別支援学校に在籍する子どもは，多くの子どもがてんかんを有しているので，薬もそれだけ，飲んでいる場合が多いようです。そこで抗てんかん薬について述べてみました。
　大発作（強直間代発作）の第一選択薬としては，バルプロ酸ナトリウム（商品名：デパケン，セレニカ）が使われ，部分発作の第一選択薬としてはカルバマゼピン（商品名：テグレトール，テレスミン）が使われるのが一般的です。てんかん重積状態での第一選択薬は，ジアゼパム（商品名：ダイアップ坐剤，セルシン）が使われます。
　この抗てんかん薬でいちばんややこしいことは，保護者や医療関係者が商品名と成分名の両方の名称を使う点です。例えば保護者はA君の抗てんかん薬を「デパケンです」と

いいましたが，学校に提出してある書類にはバルプロ酸ナトリウムになっているなんて経験はありませんか？これはどちらかが間違っているのでしょうか。実はこれは両方とも正解で間違いではありません。それは成分名でいっているのか，商品名でいっているのかの違いです。ですから，「デパケン」も「バルプロ酸」も同じもので二つは違う薬ではないのです。心配だったら，保健室に行って薬に関する本を見てみましょう。また，成分名が同じで商品名が違う場合も多く見られます。例えばデパケンとセレニカは基本的に成分名は「バルプロ酸ナトリウム」で同じです。「デパケンR」は「協和発酵キリン」が出していて，「セレニカR」は「興和」が出しているという違いなのです。このように，抗てんかん薬に限らず，薬には成分名と商品名があるので気をつけましょう。また，「セレニカR」や「デパケンR」のように，「R」のついた薬を最近良く聞くのではないでしょうか。この「R」は「retard：遅らせる」の「R」のことです。つまり，徐放剤（内容成分が徐々に放出されて効果が持続するように作られた薬剤）のことです。ではこの徐放剤だとどんなことが良いのでしょうか。まず長期間に渡って効き目が持続するので服用回数を減らすことができます。ですから，以前と比べると，「昼食後に薬を飲ませてください」と言うお願いが減ったと思いませんか。つまり，学校で薬を飲むことが少なくなったので，薬の飲み忘れが少なくなりました。また，血中濃度が急に上昇しないため副作用を軽減できるといわれています。

抗てんかん薬の新薬

　うちの子は新薬（抗てんかん薬）を飲んでいます。といわれたことはないですか。現在，日本で抗てんかん薬の新薬といえば，「ガバペンチン」「トピラマート」「ラモトリギン」「レベチラセタム」の四つを指します。やはりこれらは成分名なので，商品名は「ガバペンチン」が「ガバペン」で「ファイザー」，「トピラマート」は「トピナ」で「協和発酵キリン」，「ラモトリギン」は「ラミクタール」で「グラクソ・スミスクライン」，「レベチラセタム」は「イーケプラ」で「大塚製薬」が出しています。またてんかんの対象が限られた薬ですが，ドラベ症候群に２０１２年，「スチリペントール」が発売されました。これは，商品名が「ディアコミット」で「Meiji Seika ファルマ」が出しています。また，２０１３年，レノックスガストー症候群に対する抗てんかん薬として「ルフィナミド」が発売されています。商品名は「イノベロン」で「エーザイ」が出しています。

第 5 章

一般用語

第5章 一般用語

アトピー

一般的には，アトピー性皮膚炎のことをアトピーといいます。厳密にいうと，アレルギー性の喘息や鼻炎などアレルギー症状を起こしやすい遺伝的素因の一つで，先天的に環境因子に対して過敏な反応を起こしやすい状態をいいます。

易感染性（いかんせんせい）

容易に感染しやすい状態をいいます。

インフォームド・コンセント

十分な説明を患者に行い治療法を選択させることです。最初は医療分野において患者に自己決定をさせるものとして確立したものが，現在は個別の指導計画の作成に当たってインフォームド・コンセントの考えを取り入れながら，子どもや保護者のニーズを反映させています。

上田法（うえだほう）

1988年に愛知県立心身障害児療育センター第二青い鳥学園の上田正氏が開発したリハビリの方法です。この方法は脳性麻痺の筋緊張を和らげるといわれています。基本方法は，頸部法，肩-骨盤法，肩甲帯法，上肢法，下肢法の五つの方法があります。愛知県立心身障害児療育センター第二青い鳥学園に連絡すると，研修内容について知ることができます。

動く重症児（うごくじゅうしょうじ）

重度の精神遅滞で，自傷，他傷，パニックなどの強い行動障害があるため，家庭内や施設内で集団生活が難しい子どもです。

炎症（えんしょう）

外傷や細菌などに対して免疫反応が起こり，それに伴って出てきた状態のことをいいます。発熱，発赤（ほっせき），腫脹（しゅちょう），疼痛（とうつう）を「炎症の4主徴」といいます。

発赤（ほっせき）：部分的に充血し赤くなること。
腫脹（しゅちょう）：部分的に組織の容積が増えることです。一般的には腫れあがること，腫れのことです。
疼痛（とうつう）：痛みやうずきです。

炎症反応（えんしょうはんのう）

よくCRPといわれているものです。「CRPの値が高いので入院になりました･･･」などと聞くと思います。つまり，そういう時は，まだ身体のどこかで，有害なものに対して防御反応が働いているということです。また，時間との関係で急性炎症と慢性炎症に分けられます。

嘔気（おうき）

咽頭から胃部にかけて不快感を感じ，嘔吐したくなるような感覚のこと。つまり，吐き気のことです。

黄疸（おうだん）

血液中のビリルビンが増加し，皮膚や眼球などが黄色になる状態のことをいいます。黄疸は病気や疾患に伴う症状の一つとして現れます。

悪寒（おかん）

発熱の最初にぞくぞくとする寒けのことです。

オートクレーブ

!　写真5-1のような装置で，加熱加圧して滅菌する装置です。学校の保健室や医療的ケア室にあります。

オーバーヘッドテーブル

!　ベッド上で座位をとって，食事をしたり，読書をしたりするときなどに用いる写真5-2のようなテーブルのことです。

写真5-1　オートクレーブ

外傷（がいしょう）

!　怪我のことですが，骨折や捻挫など身体の表面に傷を認めない損傷も外傷です。

喀出（かくしゅつ）

!　痰や唾液を口から出すこと。

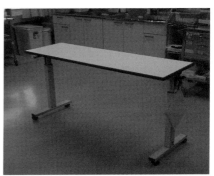

写真5-2　オーバーヘッドテーブル

覚醒（かくせい）

!　大脳が活性化した状態で，はっきり目覚めていて，意識がある状態のことをいいます。

拡大・代替コミュニケーション（かくだい・だいたいこみゅにけーしょん）

!　一般的にはAAC（Augmentative and Alternative Communication）といいます。AACは直訳すると「増加する代わりのコミュニケーション」の略です。ジェスチャーもそうですし，カードや写真も当てはまります。AAC

写真5-3　Lingo

は大きく分けるとハイテクとローテクとがあります。ローテクとは簡単な道具を使ったAACで，例えば文字盤，写真，コミュニケーションボード等です。一方ハイテクとは，電子技術を利用したAACで，写真5-3はLingoといわれる携帯用会話補助装置で，ハイテクAACにあたります。Lingoの機能はボタンを押すと録音した音を再生することが可能です。

喀痰（かくたん）

痰を吐くこと，またはその痰。

仮死（かし）

意識がなく心拍や呼吸も停止，または微弱になり，一見死んでいるように見えますが，適切な処置または自然に蘇生する可能性のある状態です。

臥床（がしょう）

ベッドなどに横たわっていることをいいます。

脚気（かっけ）

ビタミンB1の欠乏のために，末梢神経が冒されて，足がしびれたり，むくんだりする病気です。ひどくなると心臓機能が低下して，死亡することもあります。現在では，ほとんど見られない病気ですが，昔は怖い病気で，江戸時代の江戸では白米を食べる風習から，江戸での生活が長く続くとこの病気にかかるために，江戸患いと呼ばれていました。また，大正時代以降では，精米した白米が普及したために多くの死者が出ています。この頃は結核とならぶ2大国民病といわれていました。

喀血（かっけつ）

気管支や肺からの出血した血を咳とともに吐くことをいいます。喀血といえば沖田総司でしょう。彼は肺結核だったといわれています。最近はいろんな説がありますが。一方，吐血（とけつ）とは消化管などの出血が吐き出されることです。

過用症候群（かようしょうこうぐん）

過度の運動により引き起こされる運動機能の障害のことをいいます。一方，誤った運動による障害を誤用症候群（ごようしょうこうぐん）といいます。これらに対し，活動がないことにより引き起こされる身体機能の低下のことを廃用症候群（はいようしょうこうぐん）（P.151参照）といいます。

感音性難聴（かんおんせいなんちょう）

図 5-1 のように内耳から聴神経を伝わって，大脳の聴覚中枢までの経路上に起こる難聴のことをいいます。一方，外耳から中耳までの振動で，音を伝える部分の障害は伝音性難聴（でんおんせいなんちょう）といいます。
伝音性難聴の場合，音を神経に伝えるまでの障害なので，治療できる可能性があります。また，補聴器が有効です。一方，感音性難聴の場合には，音がひずんで聞こえるので，単純に補聴器だけで補えるものではありません。

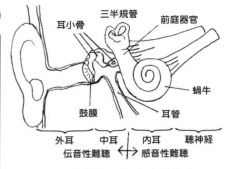

図 5-1　感音性難聴と伝音性難聴

緩下剤（かんげざい）

程度の強くない下剤のことです。よく子ども達は緩下剤として，カマグ（酸化マグネシウム）を使っているのではないでしょうか。一方，すぐに下痢を促す場合には，刺激性下剤（しげきせいげざい）を使います。有名なものにラキソベロンがあります。

眼瞼（がんけん）

まぶたのことです。

眼振（がんしん）

眼球が不随意に揺れることです。

患側（かんそく）

障害などのある側をいいます。一方，障害がない側を健側（けんそく）といいます。

義肢装具士（ぎしそうぐし）

義肢と装具の製作や適合などの仕事を行う人で，義肢装具士法に基づいて国家資格を持った専門職です。

吃音（きつおん）

最初の音がでなかったり，繰り返したりする発音障害のことです。約100人に1人の発症といわれていて，男女比では，おおよそ男子3に対して，女子1の割合だといわれています。

虚弱（きょじゃく）

体力がない，病気になりやすい，治りにくいなど，身体が弱いことをいいます。

クラッチ

肢体不自由特別支援学校でクラッチといえば杖のことです。その中でおそらく写真5-4のようなロフストランドクラッチのことだと思います。杖の英訳はstickで，松葉杖の英訳はcrutchです。でも，この場合のクラッチは松葉杖のことではありません。松葉杖の場合には，ちゃんと松葉杖というのがふつうです。ロフストランドクラッチと同じようなものに，写真5-5のようなセブンクラッチというものもあります。これは少し松葉杖の要素をロフストランドクラッチに加えたものです。両者を比較すると，微妙に違うことが分かります。

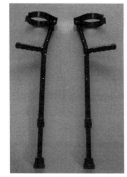

写真5-4　ロフストランドクラッチ

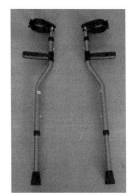

写真5-5　セブンクラッチ

ケアマネージャー

2000年4月の「介護保険制度」が始まるにあたって誕生した資格です。正式名称は「介護支援専門員」といいます。仕事内容は介護を必要とする人の相談を受けたり，適切なケアが受けられるようにマネジメントを行うことが中心です。

携帯用会話補助装置（けいたいようかいわほじょそうち）

一般的にはVOCA（ヴォカ）のことをいいます。Voice Output Communication Aid の略で、音声によるコミュニケーションが難しい人のためのコミュニケーションツールです。スイッチを押すことで音声を出すことができます。写真5-6のようなビックマックが肢体不自由の特別支援学校ではベストセラーですね。もちろん、AACの一つです。

写真 5-6 ビックマック

下血（げけつ）

消化管の出血が、肛門から出ることです。

言語聴覚士（げんごちょうかくし）

音声機能、言語機能、摂食・嚥下機能、または聴覚に障害のある人に対し、言語訓練や必要な検査・指導などを行う人のことでST（Speech Therapist）といいます。これとともに、PT（Physical Therapist：身体の療法士、つまり理学療法士のことで、運動障害に対して、主に歩行、起立などの粗大運動の訓練を行う人です）、OT（Occupational Therapist：職業の療法士、作業療法士のことで、日常生活関連動作や上肢機能訓練を中心に行う人です）の訓練スタッフには、肢体不自由教育では必ずお世話になります。また、最近は、ORT（Orthoptist：視能訓練士のことで両眼視機能の回復のために検査や矯正、訓練を行う人です）とも、連携することもあるかもしれません。このように、これからの肢体不自由の特別支援教育は、子どもたちの障害の重度・重複化により、ドクターを含めいかにしてこれらの専門職と連携を図っていけるかが子どもを伸ばしていく大きなポイントになります。

見当識（けんとうしき）

時間、場所、人物など、自分の状況を認識する能力のことをいいます。見当識が正確かは、今日は何月何日なのか自分が誰なのかなどの質問がなされます。

高次脳機能障害（こうじのうきのうしょうがい）

まず，高次脳とは何でしょうか。教育ではあまり聞かない言葉だと思います。簡単にいうと動物とは違う人間らしい脳の働きです。具体的には，記憶，知覚，学習，思考，判断などの能力です。このような脳の働きの障害ということです。原因としては，脳出血や脳梗塞などの脳血管障害や交通事故等での脳損傷等があります。教育現場には，あまり関係ないと思っている人がいるかもしれませんが，子どもたちでもみられます。事故の後遺症で記憶力だけ大きく劣るなどの症状が見られたら，高次脳機能障害を持っている可能性があります。

呼吸機能障害（こきゅうきのうしょうがい）

呼吸器の機能が障害されることです。これには閉塞性障害と拘束性障害があります。

五大栄養素（ごだいえいようそ）

健康維持などのために摂取すべき五つの栄養素のことで，炭水化物，タンパク質，脂質，ビタミン，ミネラルの5種をいいます。このうちの炭水化物，タンパク質，脂質を三大栄養素といいます。

座位保持いす（ざいほじいす）

写真5-7は移動用の座位保持いすです。現在の肢体不自由の特別支援学校では，車いすよりも座位保持いすの方がずっと多いと思います。それだけ，障害が重度化しているということです。これらの大きな違いとして，座位保持いすは，座位を保持するのが困難な子どもが座位を保つためにあります。一方，車いすは移動できない子どもの足の代わりとして，座位の状態で活動をするための道具になります。つまり，座位保持いすは座った状態を保持できることを目的とし，車いすは移動することを目的としています。だから，座位保持いすはほとんどが後傾ですが，車いすは後傾にはなっていない場合がほとんどです。

写真5-7　座位保持いす

作業療法士（さぎょうりょうほうし）

言語聴覚士（P.142）を参照

挫傷（ざしょう）

> ⚠ 打撲や転倒で，皮膚表面に傷はないが，皮下出血したり，腫れたりすることです。

挫創（ざそう）

> ⚠ 皮膚表面にも損傷があるときの怪我をいいます。一方，挫傷は皮膚表面に傷がなく，内部の組織が損傷をする怪我のことをいいます。つまり，挫創の場合には傷口があるので消毒をしっかりしないといけません。傷口から細菌が入り，感染症になる可能性があるからですね。

擦過創（さっかそう）

> ⚠ 擦り傷のことです。

止血（しけつ）

> ⚠ 血液の流出を止めることをいいます。その方法を止血法といいます。

耳垢（じこう）

> ⚠ 耳あかのことです。

自助具（じじょぐ）

> ⚠ 障害を有する子どもが日常生活を行えるように考案された道具の総称です。写真5-8の特殊皿は食物をすくい易くなるようになっています。

写真 5-8　特殊皿

失語（しつご）

> ⚠ 後天性障害で言葉を失うことで，生まれてからずっと言葉が出ていない人は失語とはいいません。一般的には，話すことだけでなく読むことや書くことも含めます。

失行（しっこう）

> 運動麻痺がなく，行う行為が分かっているのに行えないことです。これも後天性障害です。

失認（しつにん）

> 視覚，聴覚などは正常なのに対象物を認識できないこと。これも後天性障害です。

児童デイサービス（じどうでいさーびす）

> 発達に心配のある子どもや障害を有する子どもに対し，施設で主に生活能力の向上のための支援を提供するサービスです。平成24年4月からは児童発達支援事業（次項参照）と放課後等デイサービス（P.152参照）のサービスに分割されています。

児童発達支援事業（じどうはったつしえんじぎょう）

> 障害者自立支援法に基づく児童デイサービスは，平成24年4月から児童福祉法に基づくサービスとして，児童発達支援事業と放課後等デイサービスに変更されました。この児童発達支援事業は放課後等デイサービス（P.152参照）と同様に障害を有する子どもが生活能力の向上のため支援を受けます。違いはサービス提供の対象が未就学児ということです。

嗜眠（しみん）

> 意識障害の一つです。眠ったような状態で強い刺激を与えないと目覚めない状態です。これよりも重度な状態を昏睡（こんすい）といい，軽度な状態を傾眠（けいみん）といいます。

小児慢性特定疾患（しょうにまんせいとくていしっかん）

> 小児慢性特定疾患対策の対象である小児の特定疾患のことです。平成27年1月に，この対策の対象が拡大され，従来の514疾病（11疾患群）から704疾病（14疾患群）になりました。この対策は，対象者に医療給付を行い，経済的な負担を少しでも軽くすることで，十分な医療を受けられるようにしたものです。
> 以下がその対象疾患になります。

- 悪性新生物
- 慢性腎疾患
- 慢性呼吸器疾患
- 慢性心疾患
- 内分泌疾患
- 膠原病
- 糖尿病
- 先天性代謝異常
- 血液疾患
- 免疫疾患
- 神経・筋疾患
- 慢性消化器疾患
- 染色体又は遺伝子に変化を伴う症候群
- 皮膚疾患群

人工内耳（じんこうないじ）

内耳に電極を接触させ，聴覚を補助する装置のことをいいます。

振戦（しんせん）

体の一部または全身の規則的な不随意運動のことをいいます。主に上肢に見られる場合が多く，意図的に運動を行うとき，静止時にはなかった手の震えが起こる場合を企図振戦（きとしんせん）といいます。これらの症状は小脳が関係しているといわれています。

身体障害者手帳（しんたいしょうがいしゃてちょう）

身体障害者に対し，身体障害者福祉法に基づき交付される手帳のことをいい，身体障害者手帳は障害の程度によって1級～6級の等級に分類されます。重度な方が1級になります。

清拭（せいしき）

入浴できない要介護者などの身体をタオルなどで拭いて清潔に保つことです。

精神障害者保健福祉手帳（せいしんしょうがいしゃほけんふくしてちょう）

1995年に改正された精神保健及び精神障害者福祉に関する法律（精神保健福祉法）に規定された精神障害者に対する手帳です。この手帳が一定の精神障害の状態であることを示す手段となり，これによる支援策には，税制上の優遇処置，

公共料金等の割引などがあります。発達障害者に対しては，知的障害を伴わない場合で基準を満たせば交付されることになっています。その他の対象疾患として，統合失調症や躁鬱病（そううつびょう）はもちろん，てんかんも含まれています。この手帳制度の施行により，障害者基本法第2条に規定された障害児者(身体障害・知的障害・精神障害があり日常生活に制限を受ける者)への手帳制度が整いました。

整容（せいよう）

顔を洗ったり，髪を整えたり，また，着替えたり，歯を磨いたりなどの身だしなみのことをいいます。

脊髄損傷（せきずいそんしょう）

事故などの外傷により，脊髄が損傷を受けた状態になり，四肢，体幹の感覚障害や運動麻痺などの症状があります。

セルフケア

原則的には自分自身で自立的に生命や健康状態の維持に向けた取り組みなどを行うことをいいます。言い換えれば自己管理です。代表的なセルフケアは，「ストレッチ」や「ウォーキング」，「食事療法」などがあります。

全介助（ぜんかいじょ）

介助者がすべてにおいて介助を行うことをいいます。これに対し，何らかの介助が必要である状態のことを「一部介助」といいます。

疝痛（せんつう）

腹部の激痛で，さしこみともいわれます。

せん妄（せんもう）

それほど強くない意識障害があり，幻覚，妄想や運動不安が伴った精神状態です。

装具（そうぐ）

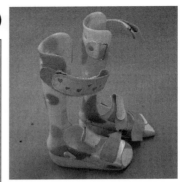

写真5-9　短下肢装具

> 四肢や体幹の機能障害や疾病の治療のために装着するもので、具体的には、変形の矯正や予防、機能の代行、関節の固定、立位や歩行の補助などの働きを行います。使用部位により、上肢装具、体幹装具、下肢装具、靴型装具などがあります。この中で、写真5-9のような短下肢（SLB＝Short Leg Brace：短い脚の装具）を学校ではよく見るのではないでしょうか。これが長くなると長下肢（LLB＝Long Leg Brace：長い脚の装具）になります。最近では、SLBという言い方よりもAFO（Ankle Foot Orthosis：足関節と足の装具）という言い方に変わってきました。また、写真5-10のように、股関節を外転で維持したまま、ある程度股関節を動かせるスワッシュ（S.W.A.S.H）という股関節装具も普及してきています。このスワッシュとはStanding（立位），Walking（歩行），and Sitting（座位），Hip（股関節）の略語の通り、股関節内転のために、歩行や立位などが難しくなった子どもを支援してくれます。また、膝の反張予防には、写真5-11のような膝装具、側弯予防には、写真5-12のような脊柱側弯矯正装具としての体幹装具など、子どもたちはいろいろな装具を活用しています。

写真5-10　S.W.A.S.H

写真5-11　膝装具

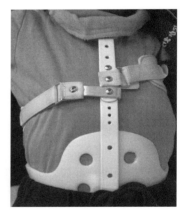

写真5-12　体幹装具

相貌失認（そうぼうしつにん）

> 顔だけでは相手が誰だか分からないことをいいます。顔の表情も理解できないことも多いといわれています。これには、先天性と後天性があり、先天性相貌失認の場合には、声や服装、動作などで相手を認識していて、日常生活に支障がない人も多いと考えられています。そのため、相貌失認は一般に考えられている人数

よりもはるかに多いのではないかといわれています。有名人ではブラッド・ピッドがそうですね。

ソーシャルワーカー

よくSW（Social Worker）といわれます。社会福祉に関する専門的な知識や技術を有し社会福祉支援を行う専門職をさしますが，社会福祉従事者の総称を示すこともあります。1987年に社会福祉士，1997年に精神保健福祉士（PSW：Psychiatric Social Worker）が国家資格化され，ソーシャルワーカーが専門資格として位置づけられました。これらの社会福祉士，精神保健福祉士と介護福祉士を合わせて3福祉士といいます。また，それとは別に，医療ソーシャルワーカー，通称MSW（Medical Social Worker）という方が病院で働いていることがあります。このMSWには資格はありませんが，社会福祉士や精神保健福祉士を持っている場合が多いようです。仕事内容は保健医療に従事するソーシャルワーカーであり，病院等において病気や障害を有する患者や家族等の抱える心理的・社会的な問題等を調整，解決し，社会復帰の促進を図ることを仕事とします。

措置制度（そちせいど）

国，自治体の責任により，福祉サービスを受ける要件を満たしているかを判断し，またそれを行う制度です。

帯状疱疹（たいじょうほうしん）

ヘルペスウイルスにより発症します。以前水疱瘡（みずぼうそう）に感染したときのウイルスが再活性化して発病すると考えられています。帯状に周りが赤い小さな水疱が発生します。

ターミナルケア

回復の見込みのない病気の末期患者に，治療ではなく看護を中心として行い，苦痛や不安を軽減し，精神的に安定した毎日を送らせることをめざすケアです。

中途障害（ちゅうとしょうがい）

先天性障害に対して，脳卒中や交通事故などにより急に障害を持ってしまった場合をいいます。

通所介護（つうしょかいご）

デイサービスとも呼ばれます。在宅で障害のある人を施設に通わせ，入浴・食事などの支援をしたり，機能回復訓練等のサービスを提供する福祉サービスを行います。訪問介護（ホームヘルプサービス）（P.152参照），短期入所生活介護（ショートステイサービス）を含めて在宅の福祉3本柱を構成します。

摘便（てきべん）

自力での排便が困難となった場合に，便を指先でかき出すことをいいます。

統合失調症（とうごうしっちょうしょう）

以前は精神分裂病といっていました。妄想や幻覚などを示し，周囲と交流が難しくなる障害です。多くは思春期に発病します。

疼痛（とうつう）

痛みのことです。

特定疾患（とくていしっかん）

国が「難病対策要綱」に基づいて，治療の解明に取り組んでいる疾患を指します。医療費が高額になるため，医療保険の自己負担について一部又は，全額を公費から負担し，患者や家族の負担軽減をはかっています。子どもの慢性疾患のうち，国が指定した疾患が小児慢性特定疾患になります。

日常生活用具（にちじょうせいかつようぐ）

障害児者が日常生活を円滑に送れることを目的に使用される用具です。例えば入浴補助用具，便器，吸引器，盲人用体温計などがあります。この日常生活用具を給付してくれる市町村の給付制度を日常生活用具給付等事業といい，手続きは市町村の担当窓口で行います。ただし，自治体によって品目や補助金の額が違うことがあります。

バイタルサイン

脈拍，呼吸，体温，血圧など生きていることを示すしるしのことをいいます。肢体不自由の特別支援学校では子どものバイタルサインをチェックしておくことがとても重要です。

廃用症候群（はいようしょうこうぐん）

過度の安静により引き起こされる関節拘縮，筋委縮，褥瘡，循環器機能の低下などをいいます。重度重複の子どももこのような状態になっていることが少なくありません。このような状態を防ぐには，こまめな姿勢変換や適切な抗重力位を学校生活に取り入れていくことが大切です。

パウチ

パウチとは袋のことで，ビニールでできており尿や便を受けるための袋のことをいいます。一方，ストーマとは肛門とは違う部位に作られた人工肛門のことです。

パーキンソン症候群

振戦（しんせん：ふるえ）（P.146 参照），固縮（こしゅく：筋の硬さで鉛のような状態），無動，姿勢反射障害（体のバランスが取れない）というパーキンソン病の4大症状に似た症状を示す疾患の総称をいいます。

バリアフリー

手すりや車いすで通行可能な道路や通路の確保やスロープ化，点字案内板などの設置をすることで高齢者や障害者が生活しやすい環境にすることです。

飛沫感染（ひまつかんせん）

咳やくしゃみ，会話などにより，他人からのウイルスや微生物などを吸い込み感染すること。インフルエンザや風疹がよく知られています。

日和見感染（ひよりみかんせん）

免疫力が低下している時に，体内にある微生物により感染が起こることをいいます。学校では，重度心身障害児で抗生物質を長期に投与した場合に，緑膿菌やヘルペスウイルスなどで起こることがあります。白血病や骨肉腫などの抗ガン治療時にもみられます。

福祉事務所（ふくしじむしょ）

社会福祉法に基づき都道府県，市などの自治体が設置した福祉に関する事務所です。生活保護，高齢者，児童，母子，身体障害者，知的障害者に関する相談やサービス紹介を行っています。

プライマリケア

生活している地域で容易に診察を受けられ，適切な指示や必要な処置の実施及び他の適切な医師への紹介を行い，健康の保持，慢性疾患の継続的な治療やリハビリテーションについて，対象者の立場に立った全人的な医療をいいます。

放課後等デイサービス（ほうかごとうでいさーびす）

小学生以上から高校生までの障害のある子どもに，放課後や土日の休業日，夏休み等に生活能力の向上や集団交流を促すために提供しているサービスです。利用には療育手帳や身体障害者手帳は必須ではなく，その子どもに療育が必要かどうかが基準になります。また，障害の種類に関係なく利用できるようになっています。

訪問介護（ほうもんかいご）

ホームヘルプサービスともいいます。自宅で，日常生活を営むのに支障がある人の家庭などを訪問し，食事や入浴，掃除などのサービスを行うことです。

訪問看護（ほうもんかんご）

看護師や保健師が医師や関係機関と連携を図りながら，利用者の自宅を訪問し，療養生活が送れるように看護ケアを行うことです。看護ケアには，病状の観察や医療機器の管理などがあります。子どもだけではなく保護者も支えてくれるので，保護者の方には大きなケアになっている場合が少なくありません。

訪問リハビリテーション（ほうもんりはびりてーしょん）

理学療法士・作業療法士・言語聴覚士などが主治医の指示の下で自宅を訪問し，リハビリテーションなどを行うことです。病院に訓練を受けに行くことがリスクになる子どもでは，訪問リハビリテーションを受けていることがよくあります。訪問リハビリテーションのセラピストともしっかり連携を図ることが必要です。

歩行器（ほこうき）

> 歩行器には，いろいろな種類があります。最も一般的なものは，写真5-13のSRCウォーカーです。これはサドルがあるので障害が重くても活用できます。このSRCウォーカーはSpontaneous Reaction Contorol Walkerの略で，つまり自発的な反応をコントロールする歩行器ということです。このSRCウォーカーは北九州総合療育センターで作られたので，総合のS，療育のR，センターのCだという話もありますね。次に，一般的なのは，写真5-14のようなPCW（Posture Control Walker）です。このPCWは，上肢で身体を支えるので，上肢がしっかりしている子どもや体幹がしっかりしている子どもでないと使えません。これらが一般的ですが，体幹のしっかりした子どもの場合には成人でよく活用している写真5-15のようなU字型ウォーカーも使います。面白いところでは，写真5-16のようなUFOウォーカーなどがあります。このウォーカーには，簡単なサドルがあり，全方向自由に動けます。また，手の活用ができるところが魅力です。残念なことに小さい子どものサイズしかありません。歩行器の考え方として，大きく二つの考え方があります。一つは，その子の障害の状態や発達段階を考慮して，適したウォーカーに乗せるという考え方で，今まで紹介したウォーカーの活用法ですね。もう一つの考え方は，なるべく身体の多くの部位を支持してまず活用させます。そのことにより歩行の経験や脚力，体幹を鍛えていき，その後，少しずつ支持しているパーツを外していく考え方があります。この考え方の歩行器は，写真5-17のようなハートウォーカーやペーサーゲートトレーナーなどがあります。この考え方を中心に行っているのがMOVE（Mobility Opportunities Via Education: 教育を通して動く機会を）というアメリカ発祥の考え方です。

写真5-13
SRCウォーカー

写真5-14
PCW

写真5-15
U字型ウォーカー

写真5-16
UFOウォーカー

写真5-17
ハートウォーカー

ポジショナー

日本語では身体を保持する目的で使う保持装置をさします。よく使われているのが写真5-18のような側臥位ポジショナーや腹臥位ポジショナーです。

写真5-18　側臥位ポジショナー

補装具（ほそうぐ）

補装具には，補聴器，座位保持装置，起立保持具，頭部保持具，歩行器，車いす，電動車いす，重度障害者用意思伝達装置などが含まれます。つまり，障害者が日常生活を送る上で必要な移動や自立する上での力を育成することを目的として活用することにより，失われた身体の一部，あるいは機能を補完するものの総称です。このなかで，重度障害者用意思伝達装置は2006年に補装具として加えられています。

ボディマス指数（ぼでぃますしすう）

BMI（Body Mass Index）のことです。肥満の状況を示す指数で，体重（kg）を身長（m）の2乗で割って示します。子どもの肥満ややせの状態をみるために使え，食事量の参考になります。

民生委員（みんせいいいん）

民生委員法に基づき，市町村に置かれ，住民の生活状態を把握しながら，援助を必要とする人が日常生活を営むことができるように，相談，援助や福祉サービスの情報を提供します。

メチシリン耐性黄色ブドウ球菌（めちしりんたいせいおうしょくぶどうきゅうきん）

一般的にMRSAといいます。MRSAに感染すると健康体では発症せずに保菌者となりますが，抵抗力が低下した人が感染すると効果的な抗生剤がないため重症化します。代表的なMRSA感染症は髄膜炎，肺炎，腹膜炎，敗血症などです。また，院内感染の原因とされています。

ユニバーサルデザイン

> 障害の有無にかかわらず、すべての人が使いやすいようにデザインする考え方や商品などのことをいいます。

理学療法士（りがくりょうほうし）

> 言語聴覚士（P.142）を参照。

立位台（りついだい）

> 狭義では、写真5-19のような角度調節ができないタイプのものでスタンディングテーブルといわれるものです。しかし、一般的には写真5-20のようなプローンボードを含めていろいろなタイプのものをいいます。プローンボードはスタンディングボードと違い、角度がある程度調節できます。プローンというのは腹臥位の意味で、つまり腹臥位にした状態で立たせたということになります。その逆がスーパインボードといわれるものです。スーパインとは仰臥位の意味です。つまり、寝かせた状態で、立たせたということになります。写真5-21はスーパイン型立位台です。立位台は肢体不自由の特別支援学校には必需品でこれに乗って朝の会に参加したり、教科の勉強をしたりします。

写真5-19　スタンディングテーブル

写真5-20　プローンボード

写真5-21　スーパイン型立位台

療育手帳（りょういくてちょう）

! この手帳は，知的障害と判定した児・者に対して，援助（JR運賃の割引等）を受けやすくする手帳です。療育手帳の交付を受けるには，18歳未満は児童相談所，18歳以上は知的障害者更生相談所で判定を受ける必要があります。各自治体独自の発行のため，名称や障害の程度の区分にも違いがあり，例えば東京都では愛の手帳，名古屋市では愛護手帳などと呼んでいます。

レスパイトケア

! 介護する人などが，要介護者，障害者などを一定の期間預かってもらい，介護のストレスから一時的に解放され休息を図ることをいいます。レスパイトとは，一時的に中断し休息をとるという意味があります。

引用・参考文献

引用・参考文献

文章編

1) 医学大辞典　第2版　2009　医学書院
2) ステッドマン医学大辞典　改訂第6版　2008　メジカルビュー社
3) 広辞苑　第六版　2008　岩波書店
4) リハビリテーション医学大辞典　上田敏・大川弥生編　2012　医歯薬出版
5) リハビリテーション用語・略語・英和辞典　武久洋三監修　2011　ナツメ社
6) 六訂介護福祉用語辞典　2014　中央法規
7) 重症心身障害療育マニュアル　第2版　江草安彦監修　2009　医歯薬出版
8) アドバンスシリーズ3　脳性麻痺　日本聴能言語士協会講習会実行委員会　2002　協同医書出版
9) 障害児者の摂食・嚥下・呼吸リハビリテーション
　　金子芳洋監修　尾本和彦編　2007　医歯薬出版１０) 小児の摂食・嚥下リハビリテーション
　　田角勝・向井美惠　2009　医歯薬出版
11) 子どもの摂食・嚥下障害　北住映二・尾本和彦・藤島一郎編　2007　永井書店
12) 医療的ケア研修テキスト　日本小児神経学会社会活動委員会編　2008　クリエイツかもがわ
13) 新版医療的ケア研修テキスト　日本小児神経学会社会活動委員会編　2012　クリエイツかもがわ

イラスト編

引用・参考URL

解剖学的内容

http://www.plus-blog.sportsnavi.com/bcc-kobe/article/106
http://ameblo.jp/bcc-trainer/entry-10823515163.html
http://metoo.seesaa.net/article/13678431.html
http://kokansetsu-itami.com/undougaku/2789/
http://www.ko2jiko.com/pickup-koui/joushikinoushougai1.html
http://www.ko2jiko.com/pickup-koui/kashikinoushougai1.html
http://ameblo.jp/kisokarawakaru-arm-kouza/entry-11964657826.html
http://btx-a.jp/shoni/sympton/sympton03.html
http://minds.jcqhc.or.jp/n/pub/1/pub0005/G0000068/0027
http://izumidateruo.cocolog-nifty.com/blog/2012/05/50-29-5c8c.html
http://ameblo.jp/ksmz-med/entry-10562578913.html
http://www.asi-care.com/blog/functional-anatomy-26
http://blog.tada-sot.com/?cid=56465
http://yamamoto-seikotsu-shiga.com/swfu/d/kiritukin.jpg
　　http://ja.wikipedia.org/wiki/ 横隔膜
http://ameblo.jp/mjt-atlas/entry-10551336245.html
https://kotobank.jp/word/ 運動器のしくみとはたらき -791977
http://sherryshuu.seesaa.net/category/8238723-1.html
http://web.kyoto-inet.or.jp/people/irisiris/studies/bone05.html

http://wakaba.hamazo.tv/e4510074.html
http://ja.wikipedia.org/wiki/ 鎖骨
http://www.jiko110.com/contents/keiyou/first/index.php?pid=3021&id=1240544620
http://physiol.umin.jp/nerv/spine/text.html
http://rigakuryouhourinshou.blog.fc2.com/blog-entry-51.html
http://conditioning4.web.fc2.com/index50.html
http://softbalance.net/kaibou.html
http://seki98.cocolog-nifty.com/blog/2013/02/post-06ed.html
http://bpllog.exblog.jp/14539662
http://www.kanmedi.net/pnf/2009/04/post_24.html
http://www.biwa.ne.jp/~chiro/rinnsyou/kennsyou-1.htm
tp://hurusawasiki.seesaa.net/article/276287212.html
http://parisg.exblog.jp/m2011-02-01/
http://blogimg.goo.ne.jp/user_image/24/1e/ad66aa1cf0a411562fa1357171fbd882.jpg
http://www.media-stage.net/tb/backnumber20150225.html

摂食指導
http://primary-dental.com/newpage4.html
http://howawand.blog.jp/archives/1034722023.html
http://kimurashika.blogspot.jp/2011_04_01_archive.html
http://jibika.exblog.jp/6801715/
http://www.ada8020.org/tvr20.html
http://www.haraguchi-clinic.com/rinyuu/
http://www.ha-channel-88.com/jiten/kaikou.html
http://www.hokuryo.or.jp/kunren/st/feeding.htm
http://www.yoshiokaclinic.com/blog/2013/05/post-93-514355.html
http://www.happy-at-home.org/6_7.cfm
http://ianki.jp/ianki/deck/detail/deckId/297877
http://www.jfmda.gr.jp/kikaku/14/
http://www.erca.go.jp/yobou/zensoku/sukoyaka/40/feature/feature09.html
http://www20.atpages.jp/hospynst/?page_id=39
http://forum.nise.go.jp/kotoba/htdocs/?page_id=21
http://suimin-shougai.net/uppp による手術 /
http://remivoice.jp/voice-training/thyrohyoid-muscle.html
http://ja.wikipedia.org/wiki/ 口唇口蓋裂
http://www.emec.co.jp/swallow/02.html
http://fukumashi.com/fuku/ 口の周りの筋肉と健康の意外な関係 /
http://e-taberu.com/school/data/manual5-2.html
http://aed.jaam.jp/option.html
http://ukariha.cocolog-nifty.com/blog/2012/05/4553-ece6.html

食べる機能の障害　金子芳洋　1991　医歯薬出版
https://kotobank.jp/word/%E7%88%AA%E7%94%B2%E5%89%A5%E9%9B%A2%E7%97%87-793803
http://www.saishika.jp/koukuukea.htm
http://www.the0123-lab.com/keyword/keyword-02.php
http://www.white-family.or.jp/htm/topic/topic_134.htm
http://www.city.fujisawa.kanagawa.jp/asf119/kenko/kenko/kyukyu/okyushochi/tabemono.html
http://www.fukiage-clinic.com/peg/ronbun/l0329664.htm
http://www.hand-clap.com/topics/oldtopics/0312_hyoujoukin/topic03_10_1.html
http://homepage2.nifty.com/flow-flow/frame/part1.html

医療的ケア
http://www.nikoniko-kodomo.jp/original8.html
http://gooday.nikkei.co.jp/atcl/disease/160230000/
http://healthy.copyseven.com/igaku/contents/encyclopedia/25-shokudo/0624-73.html
http://www.higashiomiya.or.jp/medical/department/digest/
http://ja.wikipedia.org/wiki/下気道
http://denture.iwate-med.ac.jp/cn21/cn17/dysphagia1000.html
http://www.min-iren.gr.jp/?p=4017
http://q.hatena.ne.jp/1398736933
http://mogurakusan.blog22.fc2.com/blog-entry-423.html
http://www.ginreikai.or.jp/laryngectomy/problems.html
http://ijnijn.blog64.fc2.com/blog-entry-86.html
http://www.covidien.co.jp/medical/academia/respiratory/oxygen
http://www.zensoku.in/htm_zensokuo/zensokuo061.htm
http://www.itokukai.or.jp/column/disease/post-692/
http://www.med.oita-u.ac.jp/mecenter/linkpage/kangoseminar.files/frame.htm
http://www.aurora-net.or.jp/life/heart/topics/63/zu3.html
http://www.joa.or.jp/jp/public/sick/condition/infants_scoliosis.html
http://dictionary.goo.ne.jp/leaf/homemed/11700/m0u/体位ドレナージ（体位排たん）/picture/1313_1/
http://genshihansha.jp/genshihansha-2033.html
医療的ケア研修テキスト　日本小児神経学会社会活動委員会編　2008　クリエイツかもがわ
http://sekitann.com/byouki_kanshitsuseihaien.html
http://home.impress.co.jp/books/nenga97/column.htm
http://www.ikushisya.com/hattatsu.html
http://rensa.blog43.fc2.com/blog-entry-809.html
http://yoshixdora.blog.fc2.com/blog-entry-216.html?sp
https://ja.wikipedia.org/wiki/腕頭動脈
http://mogurakusan.blog22.fc2.com/blog-entry-955.html

疾患

http://www.osaka-u.ac.jp/ja/news/ResearchRelease/2012/04/20120402_1
http://btx-a.jp/shoni/sympton/sympton02.html
http://www.jmda.or.jp/6/hyakka/kin200.html
http://park16.wakwak.com/~sunohara/gait-dist/gait-dist.html
アドバンスシリーズ３　脳性麻痺　日本聴能言語士協会講習会実行委員会　2002　協同医書出版
http://neurosurgery.med.u-tokai.ac.jp/edemiru/seijou/chiryou.html
http://www.stryker.co.jp/health/bha/
http://www.tenkan.jp/shoujo.htm
http://www.tsc-info.jp/condition/index.html
http://members3.jcom.home.ne.jp/smzhry/semi/gcs.html

一般的用語

http://www.minamitohoku.or.jp/up/news/konnichiwa/200910/homeclinic.html

索引

索引

[あ]

亜鉛（あえん）38
アキレス腱（あきれすけん）19
亜脱臼（あだっきゅう）34
アテトーゼ型（あてとーぜがた）120
アイスマッサージ 38
アクチン 19
アシドーシス 82
アセチルコリン 19
アデノイド 82
アトピー 136
アレルギー 82
アルカローシス 82
アンビューバッグ 82

[い]

易感染性（いかんせんせい）136
椅座位（いざい）16
萎縮（いしゅく）19
異食（いしょく）38
胃食道逆流症（いしょくどうぎゃくりゅうしょう）83
胃食道逆流防止手術（いしょくどうぎゃくりゅうぼうししゅじゅつ）83
胃軸捻転（いじくねんてん）82
移乗動作（いじょうどうさ）18
一部介助（いちぶかいじょ）147
胃底（いてい）19
犬食い（いぬぐい）38
医療ソーシャルワーカー（いりょうそーしゃるわーかー）149
胃瘻（いろう）84
咽頭（いんとう）20, 38
咽頭期（いんとうき）39
咽頭残留（いんとうざんりゅう）40
咽頭反射（いんとうはんしゃ）42
イルリガートル 83
イレウス 84
インスリン 20
インフォームド・コンセント 136

[う]

上田法（うえだほう）124, 136
動く重症児（うごくじゅうしょうじ）136
う蝕（うしょく）40
内がえし（うちがえし）15
うなずき嚥下（うなずきえんげ）40
運動障害性構音障害（うんどうしょうがいせいこうおんしょうがい）52

[え]

腋窩（えきか）20
壊死（えし）84
遠位（えんい）10
嚥下（えんげ）40
嚥下3相（えんげさんそう）41
嚥下障害（えんげしょうがい）41
嚥下造影検査（えんげぞうえいけんさ）41
嚥下中枢（えんげちゅうすう）41
嚥下内視鏡検査（えんげないしきょうけんさ）42
嚥下反射（えんげはんしゃ）49
炎症（えんしょう）136
炎症反応（えんしょうはんのう）137
遠心性神経（えんしんせいしんけい）20
エアウェイ　84
ウエスト症候群（うえすとしょうこうぐん）132

[お]

横隔膜（おうかくまく）20
横臥位（おうがい）17
嘔気（おうき）137
黄疸（おうだん）137
嘔吐（おうと）42
嘔吐反射（おうとはんしゃ）42
横紋筋（おうもんきん）21
悪寒（おかん）137
おくび　42
押しつぶし機能（おしつぶしきのう）42
押しつぶし食（おしつぶししょく）43
オトガイ　21
オトガイ筋（おとがいきん）21
オトガイ舌筋（おとがいぜっきん）21

オートクレーブ　138
オーバーヘッドテーブル　138
オープンバイト　43
オーラルコントロール　43

[か]

回外（かいがい）　12
開咬（かいこう）　44
開口器（かいこうき）　44
回旋（かいせん）　21
回腸（かいちょう）　91
回内（かいない）　12
開鼻声（かいびせい）　44
過開口（かかいこう）　44
下顎後退（かがくこうたい）　85
下顎呼吸（かがくこきゅう）　85
下顎骨（かがくこつ）　21
下顎コントロール（かがくこんとろーる）　44
過期産児（かきさんじ）　85
下気道（かきどう）　85
蝸牛（かぎゅう）　22
核黄疸（かくおうだん）　122
喀出（かくしゅつ）　138
覚醒（かくせい）　138
喀痰（かくたん）　139
拡大・代替コミュニケーション（かくだい・だいたいこみゅにけーしょん）　138
下肢（かし）　22
仮死（かし）　139
臥床（がしょう）　139
下唇内転（かしんないてん）　45
仮性球麻痺（かせいきゅうまひ）　45
仮性肥大（かせいひだい）　126
下腿（かたい）　22
下腿三頭筋（かたいさんとうきん）　22
片麻痺（かたまひ）　121
脚気（かっけ）　139
喀血（かっけつ）　139
下部食道括約筋（かぶしょくどうかつやくきん）　46
過用症候群（かようしょうこうぐん）　139

空嚥下（からえんげ）46
感音性難聴（かんおんせいなんちょう）140
感覚統合療法（かんかくとうごうりょうほう）124
間欠的経管栄養法（かんけつてきけいかんえいようほう）46
間欠導尿（かんけつどうにょう）88
緩下剤（かんげざい）140
寛骨（かんこつ）22
寛骨臼（かんこつきゅう）22
冠状面（かんじょうめん）11
関節（かんせつ）23
関節窩（かんせつか）23
関節可動域（かんせつかどういき）23
間接訓練（かんせつくんれん）47
関節可動域訓練（かんせつかどういきくんれん）124
関節頭（かんせつとう）23
完全脱臼（かんぜんだっきゅう）34
患側（かんそく）140
間代発作（かんたいほっさ）130
陥没呼吸（かんぼつこきゅう）88
カウプ指数（かうぷしすう）44
カットアウトコップ　45
カテーテル　86
カニューレ　86
カフ　87
カフアシスト　87
カフマシーン　87
カプノメーター　87
臥位（がい）17
外傷（がいしょう）138
外旋（がいせん）13
咳嗽反射（がいそうはんしゃ）85
外側（がいそく）10
外側広筋（がいそくこうきん）32
外転（がいてん）12
外反（がいはん）15
外反足（がいはんそく）15
外反偏平足（がいはんへんぺいそく）15
外肋間筋（がいろっかんきん）95

眼瞼（がんけん） 140
眼振（がんしん） 140
含嗽（がんそう） 47
ガス交換（がすこうかん） 86
ガムラビング 46

[き]

奇異呼吸（きいこきゅう） 88
気管（きかん） 23
気管カニューレ（きかんかにゅーれ） 86
気管支（きかんし） 23
気管支拡張剤（きかんしかくちょうざい） 88
気管支喘息（きかんしぜんそく） 88
気管切開（きかんせっかい） 89
気管挿管（きかんそうかん） 101
気管軟化症（きかんなんかしょう） 89
起座位（きざい） 16
きざみ食（きざみしょく） 47
起始（きし） 24
器質性構音障害（きしつせいこうおんしょうがい） 52
器質的嚥下障害（きしつてきえんげしょうがい） 48
基礎代謝量（きそたいしゃりょう） 48
拮抗筋（きっこうきん） 24
吃音（きつおん） 141
企図振戦（きとしんせん） 146
気道（きどう） 89
気道狭窄（きどうきょうさく） 89
気道クリアランス（きどうくりあらんす） 89
機能性構音障害（きのうせいこうおんしょうがい） 52
機能的嚥下障害（きのうてきえんげしょうがい） 48
脚長差（きゃくちょうさ） 24
吸引（きゅういん） 89
臼蓋（きゅうがい） 24
臼蓋形成不全（きゅうがいけいせいふぜん） 24
臼歯（きゅうし） 48
吸啜反射（きゅうてつはんしゃ） 48
吸入（きゅうにゅう） 90
臼磨運動（きゅうまうんどう） 49
球麻痺（きゅうまひ） 49

胸郭（きょうかく） 25
胸郭変形・扁平（きょうかくへんけい・へんぺい） 90
驚愕発作（きょうがくほっさ） 131
頬筋（きょうきん） 25
胸腔（きょうくう） 25
頬訓練（きょうくんれん） 49
胸骨（きょうこつ） 25
強剛型（きょうごうがた） 120
胸鎖乳突筋（きょうさにゅうとつきん） 25
強直間代発作（きょうちょくかんたいほっさ） 130
強直発作（きょうちょくほっさ） 130
胸椎（きょうつい） 25
棘筋（きょくきん） 31
拒食（きょしょく） 49
虚弱（きょじゃく） 141
去痰剤（きょたんざい） 90
近位（きんい） 10
筋ジストロフィー（きんじすとろふぃー） 126
緊張性迷路反射（きんちょうせいめいろはんしゃ） 90
筋紡錘（きんぼうすい） 26
義歯（ぎし） 47
義肢装具士（ぎしそうぐし） 140
偽てんかん（ぎてんかん） 131
逆嚥下（ぎゃくえんげ） 48
逆流性食道炎（ぎゃくりゅうせいしょくどうえん） 48
仰臥位（ぎょうがい） 17

[く]

空気嚥下（くうきえんげ） 49
空腸（くうちょう） 91
空腸瘻チューブ（くうちょうろうちゅーぶ） 91
口呼吸（くちこきゅう） 50
口すぼめ呼吸（くちすぼめこきゅう） 50
屈曲（くっきょく） 26
屈曲拘縮（くっきょくこうしゅく） 26
屈筋（くっきん） 26
クッションチェア 91
クラッチ 141
クレンメ 107

[け]

経管依存症（けいかんいぞんしょう）50
経管栄養法（けいかんえいようほう）50
経口摂取（けいこうせっしゅ）50
脛骨（けいこつ）26
痙縮（けいしゅく）119
経静脈栄養法（けいじょうみゃくえいようほう）51
痙性麻痺（けいせいまひ）119
携帯用会話補助装置（けいたいようかいわほじょそうち）142
軽打法（けいだほう）91
経腸栄養剤（けいちょうえいようざい）51
経腸栄養法（けいちょうえいようほう）51
経腸栄養用ポンプ（けいちょうえいようようぽんぷ）51
痙直型（けいちょくがた）119
頸椎（けいつい）26
頸椎カラー（けいついからー）92
経皮的動脈血酸素飽和度（けいひてきどうみゃくけつさんそほうわど）92
経鼻空腸チューブ（けいびくうちょうちゅーぶ）92
経鼻経管栄養法（けいびけいかんえいようほう）52
頸部聴診法（けいぶちょうしんほう）52
傾眠（けいみん）145
けいれん　128
欠神発作（けっしんほっさ）129
血中酸素飽和度（けっちゅうさんそほうわど）92
腱（けん）27
肩甲骨（けんこうこつ）27
健常児（けんじょうじ）52
健側（けんそく）140
見当識（けんとうしき）142
ケアマネージャー　141
下血（げけつ）142
言語聴覚士（げんごちょうかくし）142
原始反射（げんしはんしゃ）27

[こ]

構音障害（こうおんしょうがい）52
口角（こうかく）53
口渇（こうかつ）53
交換輸血（こうかんゆけつ）122

口蓋（こうがい）52
口蓋垂（こうがいすい）52
口蓋帆（こうがいはん）53
口蓋裂（こうがいれつ）53
後期食（こうきしょく）53
咬筋（こうきん）27
口腔（こうくう）53
口腔期（こうくうき）39
口腔ケア（こうくうけあ）54
口腔ネラトン法（こうくうねらとんほう）54
口腔粘膜（こうくうねんまく）54
硬口蓋（こうこうがい）52，54
高口蓋（こうこうがい）54
咬合（こうごう）54
交互嚥下（こうごえんげ）55
拘縮（こうしゅく）27
口唇（こうしん）55
口唇訓練（こうしんくんれん）56
口唇反射（こうしんはんしゃ）49
口唇閉鎖（こうしんへいさ）56
口唇裂（こうしんれつ）56
高次脳機能障害（こうじのうきのうしょうがい）143
甲状軟骨（こうじょうなんこつ）55
光線療法（こうせんりょうほう）122
拘束性呼吸障害（こうそくせいこきゅうしょうがい）93
高炭酸ガス血症（こうたんさんがすけっしょう）93
喉頭（こうとう）20
喉頭軟骨（こうとうなんこつ）27
喉頭隆起（こうとうりゅうき）57
喉頭蓋（こうとうがい）56
喉頭蓋谷（こうとうがいこく）57
喉頭気管軟化症（こうとうきかんなんかしょう）93
喉頭気管分離術（こうとうきかんぶんりじゅつ）94
喉頭摘出術（こうとうてきしゅつじゅつ）94
咬反射（こうはんしゃ）57
口輪筋（こうりんきん）57
後弯（こうわん）103
股関節（こかんせつ）28

呼気（こき）94
呼吸介助法（こきゅうかいじょほう）94
呼吸機能障害（こきゅうきのうしょうがい）143
呼吸筋（こきゅうきん）95
呼吸中枢（こきゅうちゅうすう）58
固形食（こけいしょく）58
固縮（こしゅく）151
固縮型（こしゅくがた）120
骨格筋（こっかくきん）28
骨幹（こっかん）28
骨端（こったん）28
骨萎縮（こついしゅく）28
骨髄（こつずい）28
骨盤（こつばん）28
骨膜（こつまく）28
コブ角（こぶかく）103
固有覚（こゆうかく）26
固有受容性神経筋促通法（こゆうじゅようせいしんけいきんそくつうほう）124
混合型（こんごうがた）121
コンプライアンス　95
誤飲（ごいん）58
誤嚥（ごえん）58
五大栄養素（ごだいえいようそ）143
誤用症候群（ごようしょうこうぐん）139

[さ]
最長筋（さいちょうきん）31
作業療法士（さぎょうりょうほうし）143
鎖骨（さこつ）29
嗄声（させい）59
擦過創（さっかそう）144
三指握り（さんしにぎり）59
三肢麻痺（さんしまひ）121
酸素療法（さんそりょうほう）96
三半規管（さんはんきかん）29
サイレントアスピレーション　59
サッキング　59
サックリング　59
サリン　19

座位（ざい）16
在宅酸素療法（ざいたくさんそりょうほう）96
座位保持いす（ざいほじいす）143
坐骨（ざこつ）22
挫傷（ざしょう）144
挫創（ざそう）144
坐薬挿入（ざやくそうにゅう）96

[し]

死腔（しくう）97
止血（しけつ）144
歯垢（しこう）60
四肢麻痺（ししまひ）121
指示嚥下（しじえんげ）60
矢状面（しじょうめん）11
姿勢変換（しせいへんかん）18
歯石（しせき）60
失行（しっこう）145
失調型（しっちょうがた）120
膝関節（しつかんせつ）13
膝蓋骨（しつがいこつ）29
失語（しつご）144
失認（しつにん）145
視能訓練士（しのうくんれんし）142
嗜眠（しみん）145
社会福祉士（しゃかいふくしし）149
尺側（しゃくそく）11
尺屈（しゃっくつ）11
尺骨（しゃっこつ）35
手掌握り（しゅしょうにぎり）60
腫脹（しゅちょう）137
手背（しゅはい）11
掌屈（しょうくつ）11
症候性てんかん（しょうこうせいてんかん）128
掌側（しょうそく）11
小児慢性特定疾患（しょうにまんせいとくていしっかん）145
初期食（しょきしょく）53, 61
食育（しょくいく）61
食塊形成（しょくかいけいせい）62

食具（しょくぐ）62
食形態（しょくけいたい）62
食道期（しょくどうき）40，62
食道裂孔（しょくどうれっこう）62，100
食道裂孔ヘルニア（しょくどうれっこうへるにあ）100
心因性非てんかん発作（しんいんせいひてんかんほっさ）131
伸筋（しんきん）26
神経因性膀胱（しんけいいんせいぼうこう）100
神経学的リハビリテーション（しんけいがくてきりはびりてーしょん）123
振戦（しんせん）146
身体障害者手帳（しんたいしょうがいしゃてちょう）146
伸展（しんてん）26
振動法（しんどうほう）101
シーソー呼吸（しーそーこきゅう）99
シーティング　113
シャント　127
耳垢（じこう）144
自己導尿（じこどうにょう）88
自己（事故）抜去（じこばっきょ）97
自食（じしょく）60
自助具（じじょぐ）144
持続的気道陽圧（じぞくてきどうようあつ）97
自動症（じどうしょう）131
児童デイサービス（じどうでいさーびす）145
児童発達支援事業（じどうはったつしえんじぎょう）145
重症心身障害児（じゅうしょうしんしんしょうがいじ）99
重積発作（じゅうせきほっさ）131
準備期（じゅんびき）61
自由嚥下（じゆうえんげ）60
上気道（じょうきどう）61，85
常食（じょうしょく）61
上腕三頭筋（じょうわんさんとうきん）24，26
上腕（じょうわん）14
上腕二頭筋（じょうわんにとうきん）24，26
褥瘡（じょくそう）127
人工呼吸器（じんこうこきゅうき）100
人工内耳（じんこうないじ）146
人工鼻（じんこうばな）101

靭帯（じんたい）29
ジャクソンリース　99

［す］

錐体外路（すいたいがいろ）30
錐体交叉（すいたいこうさ）30
錐体路（すいたいろ）30
水頭症（すいとうしょう）127
吸い飲み（すいのみ）62
水平外転（すいへいがいてん）14
水平内転（すいへいないてん）14
睡眠時無呼吸症候群（すいみんじむこきゅうしょうこうぐん）97
滑り説（すべりせつ）19
スタンディングテーブル　155
ストレッチ　124
ストーマ　151
スパウト　62
随意筋（ずいいきん）29

［せ］

正期産児（せいきさんじ）63
清拭（せいしき）146
精神障害者保健福祉手帳（せいしんしょうがいしゃほけんふくしてちょう）146
精神保健福祉士（せいしんほけんふくしし）149
成人嚥下（せいじんえんげ）63
声帯（せいたい）102
正中線（せいちゅうせん）10
声門（せいもん）102
整容（せいよう）147
脊髄（せきずい）31
脊髄損傷（せきずいそんしょう）147
脊柱起立筋（せきちゅうきりつきん）31
脊椎（せきつい）31
摂取カロリー（せっしゅかろりー）64
摂食（せっしょく）64
摂食中枢（せっしょくちゅうすう）64
摂食5期（せっしょくごき）39
先行期（せんこうき）39，66
仙骨座り（せんこつすわり）32
尖足（せんそく）15

選択的緊張筋解離術（せんたくてききんちょうきんかいりじゅつ） 125
仙椎（せんつい） 31
疝痛（せんつう） 147
せん妄（せんもう） 147
繊毛上皮（せんもうじょうひ） 66
セブンクラッチ 141
セミファーラー位（せみふぁーらーい） 17
セルフケア 147
セレン 66
舌骨（ぜっこつ） 63
舌根（ぜっこん） 63
舌根沈下（ぜっこんちんか） 102
舌接触補助床（ぜつせっしょくほじょしょう） 64
舌挺出（ぜつていしゅつ） 65
舌挺出反射（ぜつていしゅつはんしゃ） 65
舌突出（ぜつとっしゅつ） 65
全介助（ぜんかいじょ） 147
前庭感覚（ぜんていかんかく） 31
前庭器官（ぜんていきかん） 31
蠕動運動（ぜんどううんどう） 66
全般発作（ぜんぱんほっさ） 129
喘鳴（ぜんめい） 103
前腕（ぜんわん） 14
前弯（ぜんわん） 103

[そ]
装具（そうぐ） 148
早産児（そうざんじ） 67
爪床部（そうしょうぶ） 66
相貌失認（そうぼうしつにん） 148
足関節（そくかんせつ） 31
側臥位（そくがい） 17
側弯（そくわん） 103
咀嚼（そしゃく） 67
咀嚼筋（そしゃくきん） 67
咀嚼中枢（そしゃくちゅうすう） 67
措置制度（そちせいど） 149
外がえし（そとがえし） 15
ソフトスプーン 67

ソーシャルワーカー　149
造影剤（ぞうえいざい）　66
増粘剤（ぞうねんざい）　67

[た]

体位ドレナージ（たいいどれなーじ）　104
体位変換（たいいへんかん）　18
体幹（たいかん）　105
体幹装具（たいかんそうぐ）　148
対称性緊張性頸反射（たいしょうせいきんちょうせいけいはんしゃ）　105
帯状疱疹（たいじょうほうしん）　149
多関節筋（たかんせつきん）　33
痰（たん）　69
短下肢装具（たんかしそうぐ）　148
単関節筋（たんかせつきん）　33
探索反射（たんさくはんしゃ）　48，69
炭酸ガスナルコーシス（たんさんがすなるこーしす）　93
炭酸ガス分圧（たんさんがすぶんあつ）　105
端座位（たんざい）　16
単麻痺（たんまひ）　121
タッピング　105
ターミナルケア　149
大胸筋（だいきょうきん）　32
大腿骨頭（だいたいこっとう）　12
大腿骨（だいたいこつ）　32
大腿四頭筋（だいたいしとうきん）　32
大腿直筋（だいたいちょくきん）　32
大腿二頭筋（だいたいにとうきん）　35
大転子（だいてんし）　33
大殿筋（だいでんきん）　36
大動脈裂孔（だいどうみゃくれっこう）　21
大静脈孔（だいじょうみゃくこう）　21
大脳基底核（だいのうきていかく）　119
大脳皮質（だいのうひしつ）　32
大腰筋（だいようきん）　32
唾液（だえき）　68
脱臼（だっきゅう）　34
脱感作（だつかんさ）　68
脱力発作（だつりょくほっさ）　129

段階食（だんかいしょく）69
ダンピング症候群（だんぴんぐしょうこうぐん）69
ダイプレ　121

[ち]

恥骨（ちこつ）22
窒息（ちっそく）70
中間位（ちゅうかんい）34
中間広筋（ちゅうかんこうきん）32
肘関節（ちゅうかんせつ）34
中期食（ちゅうきしょく）53, 70
中心静脈栄養法（ちゅうしんじょうみゃくえいようほう）51, 70
中枢性呼吸障害（ちゅうすうせいこきゅうしょうがい）107
中枢（ちゅうすう）34
中途障害（ちゅうとしょうがい）149
長下肢（ちょうかし）148
腸骨（ちょうこつ）22
腸骨筋（ちょうこつきん）32
長座位（ちょうざい）16
長母指屈筋（ちょうぼしくっきん）34
腸腰筋（ちょうようきん）32
腸瘻（ちょうろう）70
腸肋筋（ちょうろくきん）31
直接訓練（ちょくせつくんれん）70
チアノーゼ　107

[つ]

対麻痺（ついまひ）121
通所介護（つうしょかいご）150

[て]

低緊張型（ていきんちょうがた）121
底屈（ていくつ）11
定頸（ていけい）70
低酸素性虚血性脳症（ていさんそせいきょけつせいのうしょう）107
停止（ていし）24
底側（ていそく）11
滴下調節部（てきかちょうせつぶ）107
摘便（てきべん）150
手づかみ食べ（てづかみたべ）71
伝音性難聴（でんおんせいなんちょう）140

[と]

橈屈（とうくつ）11
橈骨（とうこつ）35
統合失調症（とうごうしっちょうしょう）150
橈側（とうそく）11
疼痛（とうつう）150
特定疾患（とくていしっかん）150
特発性てんかん（とくはつせいてんかん）128
吐血（とけつ）139
登はん性起立（とはんせいきりつ）126
とろみ　71
トニックバイト　71
トランスファー　18
導尿（どうにょう）107
動揺性歩行（どうようせいほこう）126
努力呼吸（どりょくこきゅう）108
呑気症（どんきしょう）71
ドラベ症候群（どらべしょうこうぐん）132
ドリップチャンバー　108

[な]

内視鏡的胃瘻造設術（ないしきょうてきいろうぞうせつじゅつ）108
内旋（ないせん）13
内側（ないそく）10
内側広筋（ないそくこうきん）32
内転（ないてん）12
内転筋（ないてんきん）35
内反（ないはん）15
内反尖足（ないはんせんそく）15
内反足（ないはんそく）15
内肋間筋（ないろっかんきん）95
軟口蓋（なんこうがい）52, 71
軟口蓋挙上（なんこうがいきょじょう）72
軟骨（なんこつ）35
軟食（なんしょく）72
難治性てんかん（なんちせいてんかん）132

[に]

二関節筋（にかんせつきん）33
肉芽（にくげ）109

二相性陽圧呼吸（にそうせいようあつこきゅう）98
日常生活用具（にちじょうせいかつようぐ）150
二分脊椎（にぶんせきつい）127
乳児嚥下（にゅうじえんげ）72
認知期（にんちき）72

[ね]
ネブライザー　90，109

[の]
脳室周囲白質軟化症（のうしつしゅういはくしつなんかしょう）122
脳性麻痺（のうせいまひ）118
脳脊髄液（のうせきずいえき）127
膿尿（のうにょう）109

[は]
把握反射（はあくはんしゃ）72
背臥位（はいがい）17
背屈（はいくつ）11
背側（はいそく）10，11
排痰（はいたん）109
排痰法（はいたんほう）104
排尿障害（はいにょうしょうがい）109
背部叩打法（はいぶこうだほう）73
肺胞（はいほう）110
廃用症候群（はいようしょうこうぐん）151
跛行（はこう）127
はさみ肢位（はさみしい）35
半腱様筋（はんけんようきん）35
半固形化（はんこけいか）74
半座位（はんざい）17
反芻（はんすう）110
半側臥位（はんそくがい）17
半膜様筋（はんまくようきん）35
ハイムリック法（はいむりっくほう）73
ハムストリング　35
ハートウォーカー　153
抜管（ばっかん）110
抜去（ばっきょ）110
バンゲード法（ばんげーどほう）74
バイタルサイン　151

バイパップ　109
バギング　73
バリアフリー　151
パウチ　151
パルスオキシメーター　74
パーキンソン症候群（ぱーきんそんしょうこうぐん）　151
パーカッション　91，110

[ひ] ───────────
皮質脊髄路（ひしつせきずいろ）　119
非侵襲的陽圧換気法（ひしんしゅうてきようあつかんきほう）　98，111
非対称性緊張性頸反射（ひたいしょうせいきんちょうせいけいはんしゃ）　111
腓腹筋（ひふくきん）　22
飛沫感染（ひまつかんせん）　151
表情筋（ひょうじょうきん）　76
日和見感染（ひよりみかんせん）　151
披裂軟骨（ひれつなんこつ）　111
鼻咽腔閉鎖（びいんくうへいさ）　75
鼻カニューレ（びかにゅーれ）　86，96
鼻腔（びくう）　75
鼻呼吸（びこきゅう）　75
尾骨（びこつ）　22
鼻翼呼吸（びよくこきゅう）　111
ヒラメ筋（ひらめきん）　22
ビリルビン　122
ビオチン　75

[ふ] ───────────
ファーラー位（ふぁーらーい）　17
腹臥位（ふくがい）　17
腹臥位保持装具（ふくがいほじそうぐ）　112
福祉事務所（ふくしじむしょ）　152
腹側（ふくそく）　10
不顕性誤嚥（ふけんせいごえん）　112
不随意筋（ふずいいきん）　29
発赤（ほっせき）　136
噴門（ふんもん）　112
噴門形成術（ふんもんけいせいじゅつ）　76，83
フェイスマスク　96
フロッピーインファント　112

フードテスト 76
部分発作（ぶぶんほっさ）129
プライマリケア 152
プレスピーチ 76
プローンボード 155

[へ]
平滑筋（へいかつきん）29
閉塞性呼吸障害（へいそくせいこきゅうしょうがい）112
偏食（へんしょく）76
ペルテス病（ぺるてすびょう）127

[ほ]
放課後等デイサービス（ほうかごとうでいさーびす）152
訪問介護（ほうもんかいご）152
訪問看護（ほうもんかんご）152
訪問リハビリテーション（ほうもんりはびりてーしょん）152
歩行器（ほこうき）153
捕食（ほしょく）77
補装具（ほそうぐ）154
哺乳期（ほにゅうき）77
ホワイトアウト 77
ボイタ法（ぼいたほう）123
ボディマス指数（ぼでぃますしすう）154
ボトックス 125
ボバース・アプローチ 123
ポジショナー 154
ポジショニング 113

[ま]
前吸引（まえきゅういん）77
末梢（まっしょう）34
丸飲み（まるのみ）78
マンチング 78

[み]
未熟児（みじゅくじ）78
民生委員（みんせいいん）154
ミオクロニー発作（みおくろにーほっさ）129
ミオシン 19
ミキサー食（みきさーしょく）78

[む]

無気肺（むきはい）115
むせない誤嚥（むせないごえん）115
[め]
メチシリン耐性黄色ブドウ球菌（めちしりんたいせいおうしょくぶどうきゅうきん）154
メンデルソン症候群（めんでるそんしょうこうぐん）115
[ゆ]
誘発帯（ゆうはつたい）123
有毛細胞（ゆうもうさいぼう）23
幽門（ゆうもん）19
癒合（ゆごう）127
指しゃぶり（ゆびしゃぶり）78
ユニバーサルデザイン　155
[よ]
腰椎（ようつい）36
腰方形筋（ようほうけいきん）36
横向き嚥下（よこむきえんげ）79
[り]
理学療法士（りがくりょうほうし）155
梨状窩（りじょうか）79
立位台（りついだい）155
立位（りつい）16
離乳（りにゅう）79
流涎（りゅうぜん）79
療育手帳（りょういくてちょう）156
[る]
るいそう　115
[れ]
レスパイトケア　156
レンノックスガストー症候群（れんのっくすがすとーしょうこうぐん）132
[ろ]
瘻孔（ろうこう）115
漏斗胸（ろうときょう）90
肋間筋（ろっかんきん）115
肋骨（ろっこつ）36
ロフストランドクラッチ　141
[わ]
割座（わりざ）16
腕頭動脈（わんとうどうみゃく）116

英文略

AAC（拡大・代貸コミュニケーション） 138
ADL（日常生活動作） 123
AFO（足関節装具） 148
ATNR（非対称性緊張性頸反射） 111
BIPAP（二相性陽圧呼吸） 98，109
BiPAP（フイリップス・レスピロニクスの製品） 98，109
BMI（ボディマス指数） 154
C（頸椎） 26
CO_2ナルコーシス（炭酸ガスナルコーシス） 93
CP（脳性まひ） 118
CPAP（持続的気道陽圧） 97
GERD（胃食道逆流症） 83
HOT（在宅酸素療法） 96
IVH（中心静脈栄養） 51
L（腰椎） 36
LLB（長下肢装具） 148
MOVE（教育を通して動く機会を作っていくという考え方） 153
MRSA（メチシリン耐性黄色ブドウ球菌） 154
MSW（医療ソーシャルワーカー） 149
NDT（神経発達学的治療） 123
NIPPV，NPPV（非侵襲的陽圧換気法） 98，111
ORT（視能訓練士） 142
OT（作業療法士） 142，143
$PaCO_2$（炭酸ガス分圧） 105
PAP（舌接触補助床） 64
PCW（上肢で支える歩行器） 153
PEG（内視鏡的胃瘻造設術） 108
PNF（固有受容性神経筋促通法） 124
PSW（精神保健福祉士） 149
PT（理学療法士） 142，155
PVL（脳室周囲白質軟化症） 122
QOL（生活の質） 54
ROM訓練（関節可動域訓練） 124

SaO2（動脈血酸素飽和度）92
SLB（短下肢装具）148
SpO2（パルスオキシメーターで測定した酸素飽和度）74
SRCウォーカー（鞍付き歩行器）153
ST（言語聴覚士）142
STNR（対称性緊張性頸反射）105
SW（ソーシャルワーカー）149
S.W.A.S.H.（スワッシュ）148
TLR（緊張性迷路反射）90
Th（胸椎）25
U字型ウォーカー（U字型をしたウォーカー）153
UFOウォーカー（全方向性のウォーカー）153
VE（嚥下内視鏡検査）42
VF（嚥下造影検査）41
VOCA（携帯用会話補助装置）142
V－Pシャント（脳室－腹腔シャント）127

著者紹介

松元泰英　（まつもと　やすひで）
■鹿児島県立桜丘養護学校勤務
■医学博士　言語聴覚士

・鹿児島純心女子大学
・鹿児島大学
・鹿児島国際大学
・南九州大学　　　非常勤講師

肢体不自由教育　連携で困らないための
医療用語集

平成27年11月8日　初版第1刷発行
令和 5 年 1 月20日　初版第5刷発行

■　著　　松元　泰英
■発行人　　加藤　勝博
■発行所　　株式会社 ジアース教育新社
　　　　　〒101-0054　東京都千代田区神田錦町1-23　宗保第2ビル
　　　　　TEL：03-5282-7183　FAX：03-5282-7892
　　　　　E-mail：info@kyoikushinsha.co.jp
　　　　　URL：http://www.kyoikushinsha.co.jp/

■表紙・本文デザイン　　土屋図形株式会社
■印刷・製本　　　シナノ印刷株式会社
Printed in Japan
ISBN978-4-86371-332-1
定価はカバーに表示してあります。
乱丁・落丁はお取り替えいたします。（禁無断転載）